胡同

岁月留踪

北京中轴线文化游典

北京非物质文化遗产保护中心
组织编写

王　越　著

北京出版集团
北京出版社

图书在版编目（CIP）数据

胡同：岁月留踪 / 北京非物质文化遗产保护中心组织编写；王越著. — 北京：北京出版社，2021. 10
（北京中轴线文化游典）
ISBN 978-7-200-16082-6

I. ①胡… II. ①北… ②王… III. ①胡同—介绍—北京 IV. ①K921

中国版本图书馆 CIP 数据核字（2020）第 255394 号

北京中轴线文化游典
胡同
岁月留踪
HUTONG
北京非物质文化遗产保护中心　组织编写
王越　著

*

北　京　出　版　集　团　出版
北　京　出　版　社
（北京北三环中路 6 号）
邮政编码：100120

网　址：www.bph.com.cn
北京伦洋图书出版有限公司发行
北京鑫益晖印刷有限公司印刷

*

787毫米 × 1092毫米　16开本　21.75印张　255千字
2021年10月第1版　2023年7月第2次印刷

ISBN 978-7-200-16082-6
定价：79.80 元

如有印装质量问题，由本社负责调换
质量监督电话：010-58572393

“北京中轴线文化游典”
编委会

总　序

“一城聚一线，一线统一城”，北京中轴线南端点在永定门，北端点在钟楼，位居北京老城正中，全长7.8千米。在中轴线上有城楼、御道、河湖、桥梁、宫殿、街市、祭坛、国家博物馆、人民英雄纪念碑、人民大会堂、景山、钟鼓楼等一系列文化遗产。北京中轴线自元代至今，历经750余年，彰显了中华民族守正创新、与时俱进的文脉传承，凸显着北京历史文化的整体价值，已经成为中华文明源远流长的伟大见证。

北京中轴线是北京城市的脊梁与灵魂，蕴含着中华民族深厚的文化底蕴、哲学思想，也见证了时代变迁，体现了大国首都的文化自信。说脊梁，北京中轴线是中华民族都市规划的杰出典范，是北京城市布局的脊梁骨，对整座城市肌理（街巷、胡同、四合院）起着统领作用，北京老城前后起伏、左右对称的建筑或空间的分配都是以中轴线为依据的；说灵魂，北京中轴线所形成的文化理念始终不变，尚中、居中、中正、中和、中道、凝聚、向心、多元一统的文化精神始终在中轴线上延续。由此，北京中轴线既是历史轴线，又是发展轴线，还是北京建设全国文化中心的魅力所在、资源所在、优势所在。

北京中轴线是活态的，始终与北京城和中华民族的发展息息相关。在历史长河风云变幻中，一些重大历史事件都发生在中轴线上，同时中轴线始终有社会生活的烟火气，留下了京城百姓居住、生活的丰富印迹。这些印迹既有物质文化遗产，又有非物质文化遗产；这些印迹不仅有古都文化特色，还有对红色文化的展现、京味文化的弘扬、创新文化的彰显。中轴线就像一个大舞台，包括皇家宫殿、士大夫文化、市民生活，呈现开放包容、丰富多彩、浓厚的京味，突出有方言、饮食、传说、工艺、科技以及各种文学、艺术等。时至近现代，在中轴线上还有展现中华民族革命斗争的历史建筑和社会主义现代化建设的红色文化传承。今天，古老的中轴线正从历史深处昂扬走向璀璨的未来，在传统文化与现代文明的滋养中焕发出历久弥新的时代风采。

北京中轴线是一张“金名片”，传承保护好以中轴线为代表的历史文化遗产是首都的职责，也是每一个市民的责任。以文塑旅，以旅彰文，“北京中轴线文化游典”是一套以学术为支撑，以普及为目的，以文旅融合为特色，以“游”来解读中轴线文化的精品读物。这套读物共 16 册，以营城、建筑、红迹、胡同彰显古都风韵，以园林、庙宇、碑刻、古狮雕琢文明印迹，以商街、美食、技艺、戏曲见证薪火相传，以名人、美文、译笔、传说唤起文化拾遗。书中既有对北京城市整体文化的宏观扫描，又有具体而精微的细节展现；既有活跃在我们生活中的文化延续，也有留存于字里行间的珍贵记忆。

本套丛书自规划至今已近 3 年，很多专家学者在充分的交流与研讨中贡献了真知灼见，为丛书的编辑出版提供了宝贵建议。在此，我们对所有参与课题调研、交流研讨的专家学者以及众多编者、作者表示感谢。

“让城市留住记忆，让人们记住乡愁。”北京中轴线的整体保护与传承，不仅是推进全国文化中心建设的重要举措，更是我们这一代人的历史责任与使命。只有正确认识历史，才能更好地开创未来。要讲好中轴线上的中国故事、传递好中国声音、展示好中国形象，使这条古都的文化之脊活力永延。我们希望“北京中轴线文化游典”的问世，能让历史说话，让文物说话，让专家说话，让群众说话，陪伴您在游走中了解北京中轴线的历史文化内涵，感知中轴线上的文化遗产，体验首都风范、古都风韵、时代风貌，不断增强文化获得感，共筑中国梦。

李建平

2021 年 4 月

目　录

前　言

漫步中轴线上的胡同

胡同是北京城的重要组成部分，它伴随着北京三千多年的建城史和八百多年的建都史，演绎了老北京人生活方式独有的“京味”特色。我国古代城市实行“里坊制”的管理办法，当年胡同只是被封闭在里坊内的小巷子，在南方一些地方称弄或弄堂。随着城市经济发展，坊墙被逐渐拆除，明代正式把“胡同”一词列为街巷通名，成为北京城的一大亮点。胡同两侧排列着典雅宁静的四合院，宜居的环境、和睦相处的邻里关系，又培育出许许多多的名人和敦厚而略带诙谐的北京人，在胡同里总是演绎着那些可歌可泣，令人回味无穷、难以忘怀的人间故事。所以，大凡在北京胡同里生活过的人，都有一种难以割舍、深入骨髓的胡同情结。就全国而言，胡同虽非北京一地所独有，但就北京胡同分布之密集，数量之众多，名称之丰富多彩，是其他任何一座城市所望尘莫及的。正如朱祖希先生所言：北京胡同犹如“小桥流水人家”之于苏州，“粉墙黛瓦马头墙”之于徽州，“客家土楼”之于闽南，“吊脚楼”之于湘西……是不可或缺的。我们也从这里理解了“没有胡同，就不叫北京城”的深层次的文化内涵。

明北京城是在元大都和金中都城的基础上，根据地理特点和客观形势的需要，经过五十余年的拓展、改造、建设之后形成的。清初，满族统治者实行“满汉分居”“旗民分治”政策，内城成为皇家、王府和八旗驻地，汉族官民住在外城，使得北京城市的社会空间结构又发生了一次重大变化，致使北京中轴线上的胡同，不仅存在着内城与外城的不同，即或是内城和外城之中，也存在南北的差异和东西的不同。北京的胡同不仅记载了北京城市发展的历程，同时又在南北中轴线的统领下，按部就班地与城市结合成一个整体，成为北京城市生命印记的重要组成部分。中国著名建筑大师梁思成先生曾经说：“北京独有的壮美秩序就由这条中轴线的建立而产生。”

一

东西长安街以北至安定门、德胜门一线，这一区域包括故宫、皇城和“三海”地区，原是元大都城的旧街区，也是北京街巷、胡同中最整齐规范的地区。明洪武元年（1368），朱元璋在应天（今南京市）即皇帝位，定国号“明”、年号“洪武”。八月初二，征虏大将军徐达攻占大都。朱元璋收到捷报非常高兴，取“北方安宁平定”之意，下诏改大都路为“北平府”，这也是北平第一次成为北京的名称。

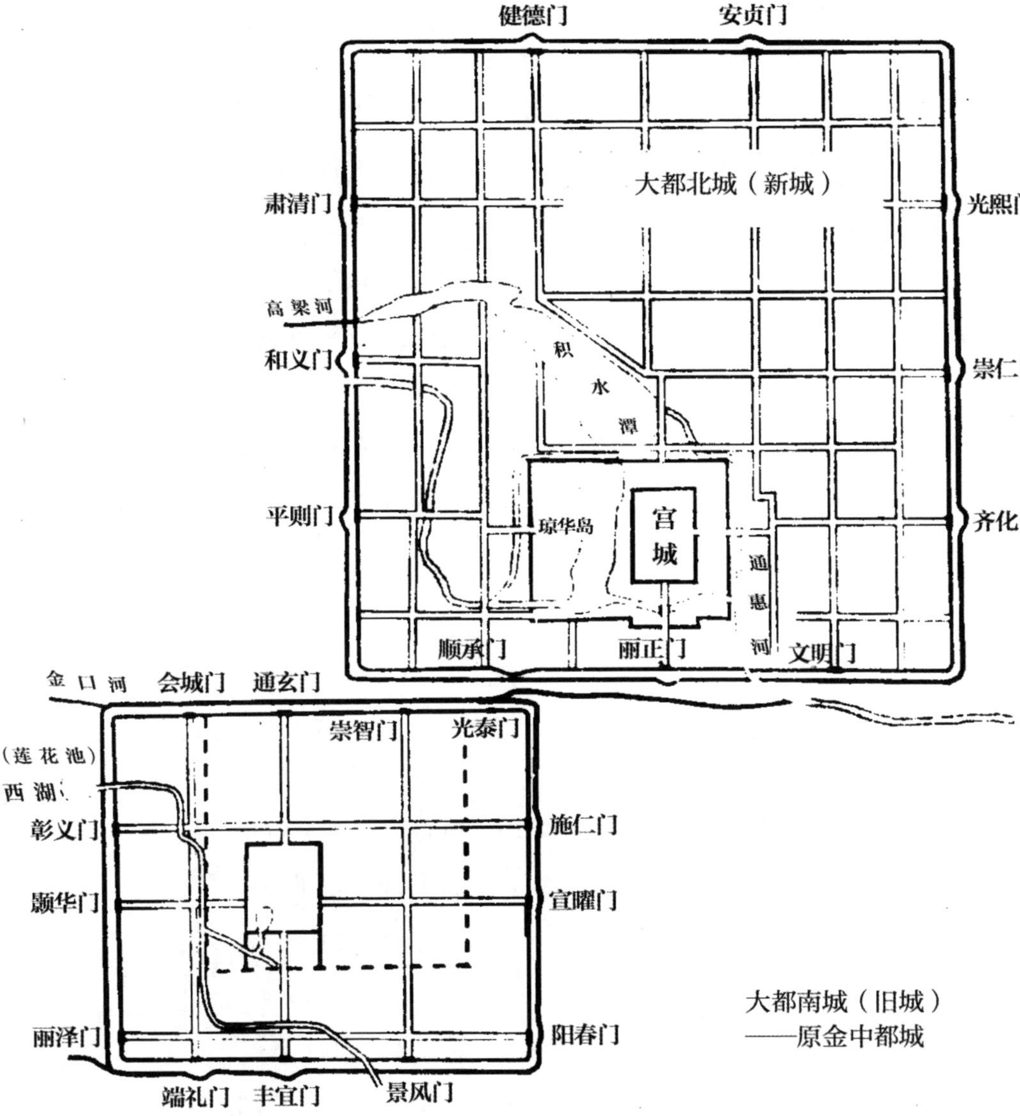
健德门
安贞门
大都北城（新城）
肃清门
光熙门
高梁河
和义门
积
水
潭
崇仁门
平则门
琼华岛
宫
城
齐化门
通
惠
河
顺承门
丽正门
文明门
金 口 河
会城门
通玄门
崇智门
光泰门
（莲 花 池）
西 湖
彰义门
施仁门
颢华门
宣曜门
大都南城（旧城）
——原金中都城
丽泽门
阳春门
端礼门
丰宜门
景风门

元大都的南北两城

当时元大都的范围包括南北两城，一个是原金中都城，称大都南城或旧城；一个是在中都城东北的新城。徐达在攻占大都之后，严格执行朱元璋“固守封疆，防其浸轶”的策略，把大都北部曾因遭火灾而显得比较空旷、荒凉之地让出，将北城墙南退五里，并依自海子东流的一条天然小河做护城河，在其南侧砌筑新城垣。只是其西段在遇到旧日海子（积水潭）宽阔的水面时，不得不选择水面最窄处与原西城墙相接，从而形成了一斜角，并把积水潭西端的一部分水面隔在了城外。又令指挥叶国珍计度南城，周围凡五千三百二十八丈（合一万七千零五十米）。这样，大都新城的丽正门等南三门外到金中都旧城之间，自然成为两城间大片的关厢地带。这是明北京城的第一次规划变化。

二

明永乐元年（1403），朱棣在南京即皇帝位。接受礼部尚书李志刚等人建议：“北平布政司实皇上承运兴王之地，宜遵太祖高皇帝中都之制，立为京都”，当即决定改北平为北京，南都北迁，营建北京城。这是“北京”一名的首次出现，清代沿用了北京一名，距今已有六百多年的历史。

北京内城的营建，从明永乐四年（1406）开始，到永乐十八年（1420）基本竣工，前后延续了十五年之久。内城的中轴线，从正阳门起北到钟鼓楼，中轴线上横平竖直的胡同，无比壮观。一批官吏、皇家卫队，乃至王府、衙署搬进了由元大都城火巷改造的宽大胡同，在北京出现了诸如帅府胡同、府学胡同等与官府有关的专名胡同。清初实行“满汉分居”政策，让内城的官府文化和缙绅文化特征更为突出。

北京皇城以紫禁城为核心，以明晰的城市中轴线为纽带，城内有序集合皇家宫殿园囿、御用坛庙、衙署库坊、胡同四合院等设施，呈现出皇权至高无上的规划理念和完整的功能布局。明皇城系皇家禁地，外人不得入内。清朝废除内官衙门，许多通道开放，紫禁城与皇城之间，准诸王居住。在壮丽的皇城内出现了南库司胡同、暖阁厂胡同、巾帽局胡同、光明殿胡同、西什库胡同、内官监胡同等，处处显示皇家气派，在北京城展示了最辉煌的一页。

什刹海包括前海、后海和西海（又称积水潭）。外三海宽阔的水面既给北京城平添了无限的生机，也使得什刹海周围的街巷、胡同随形而影，出现了前海南沿，南官房胡同，大、小金丝套胡同，后海北沿，鸦儿胡同，羊房胡同，等等，形成独特的，颇具中国古典园林“曲径通幽处，禅房花木深”韵味的斜巷胡同。与东侧最赋有老北京风情的南锣鼓巷形成鲜明的对比，是保护旧城整体风貌和沿中轴线对称格局不可缺少的地段。这是明北京城的第二次规划变化。

三

明永乐十七年（1419），永乐帝下诏“拓北京南城”。规划师们利用长安街以南至前三门一线区域拓展空间，在承天门前（清初改称天安门）开辟了完整的“T”字形广场，“列六卿于左省，建五军于右隅”，形成与中央衙署有关的诸多崭新的胡同。如在五军都督府的前府胡同、右府胡同、左府胡同、中府胡同、后府胡同；矗立“官员人等，至此下马”碑的石碑胡同；供上朝官员拴马的东栓胡同、北小栓胡同；沿金闸河的东、西江米巷，东安福胡同，西安福胡同。

四

明嘉靖三十二年（1553），修筑前三门以南的北京外城，从而大幅增加了北京的城市空间，这是明北京城的第三次规划变化，使得从正阳门向南有一条笔直大道穿过东西并列的天坛和山川坛（今先农坛）之间，直抵永定门。清代规定，天桥以南严禁兴建民居，直到民国初时才形成狭窄的六合公、忠恕里、天桥七巷等胡同，孕育了流传百年且独特的“天桥文化”，被视为老北京平民社会的典型区域。

明代，把中心商业区迁移到棋盘街和前门一带。与内城中轴线衬托着皇权的紫禁城的那种肃穆庄严气氛迥然不同，明清时前门大街这段中轴线具有既肃静又鼓励民间活动的两重性。朱棣又指示在前门外建“廊房”招商居货，今前门大街西侧由北而南排列的廊房头条至四条（清称大栅栏），即为明代“廊房”的遗迹。当中轴线延长到外城，不少商贩便开始在中心地带的前门大街搭建棚房，并不断向南面的天桥方向延伸，使得前门大街衍生出南北向的肉市、布巷子、珠宝市、粮食店等对称的背街小巷，成为京师最著名的商业街。

前门大街东侧有三里河由西北向东南流淌，与大运河相通，自古以来便是南北水运和城市排水的必经之地。以后三里河水日益淤塞，民居依河道而建，形成弯曲的三里河、羊坊草厂、芦苇园、薛家湾等众多以河为名的斜向胡同，如今胡同再现水穿街巷景色，犹如一片美丽的江南风光。

从大栅栏向西南经五道庙到虎坊桥，有樱桃斜街、杨梅竹斜街、铁树斜街等一系列东北—西南向斜街，为元明内城到金中都旧城的交通要道。梁家园以西，骡马市大街两侧有多条南北走向的胡同，如南、北柳巷，魏染胡同，四川营胡同；潘家河沿胡同、果子巷、烂缦胡同、教子胡同等。在这些通向南北大街的古道间，还连通着棉花胡同、椿树胡同、驴驹胡同、前兵马司等东西向胡同。这些网格状的胡同，都严格建立在南北和东西方向，这一带均为辽金时遗留下的胡同，在北京地区极为罕见，是北京的胡同之根。

五

北京城的规划艺术价值就在于它的整体性。明清北京城在都市规划上所带有的各种鲜明的特色，构成了任何文化都未能超越的有机图案。“它既严谨对称，又有城市及河湖水系山峦林木穿插其中，各个建筑物相辅相成，全部布局庄严秩序，园林自然有趣，街道胡同肌理整齐，民居色彩古朴典雅，公共建筑华丽辉煌，形成宏壮美丽的整体环境。”世界著名建筑设计大师贝聿铭说过：“北京古城最杰出之处就在于它是一个完整的有计划的整体。”

明清北京城是我国历代都城的最后结晶。它把紫禁城设在中央，整个都城以南北中轴线为中心左右对称，皇城前左（东）建太庙，右

（西）建社稷坛，然后以皇城、内城、外城为标志，形成层层拱卫之势，处处体现着“天子中而处”的礼制规范，成为以“中”为尊的重要表征。全长7.8千米的中轴线是古都北京的中心标志，不仅统领了北京全城均衡而对称的平面布局，而且将封建帝都的规划匠意——“普天之下，唯我独尊”“王权至上”的主题思想，最大限度地显示了出来。沿中轴线还布置了城阙、牌坊、华表、桥梁和各种形体不同的广场，致使中轴线上的街巷胡同，成为帝王巡行、商业贸易、市民来往、文化传播的集中区域。厚重的文化遗存与胡同里的名人故居交织在一起，见证了当年在这里所发生的重大事件，它又像一本历史书，讲述了一代代人不平凡的生活经历，成为今日中外游客漫步中轴线的首选之地。

本书的编写，得到北京市文化和旅游局、北京出版集团的鼎力相助，刘子军先生、刘庆华先生、杨良志先生、高琪女士、杜冬梅女士帮助尤多。因篇幅所限，书中参考资料恕不能一一开列作者和书目，在此一并致谢。

王　越

2020年10月

第一辑

中轴线的序曲

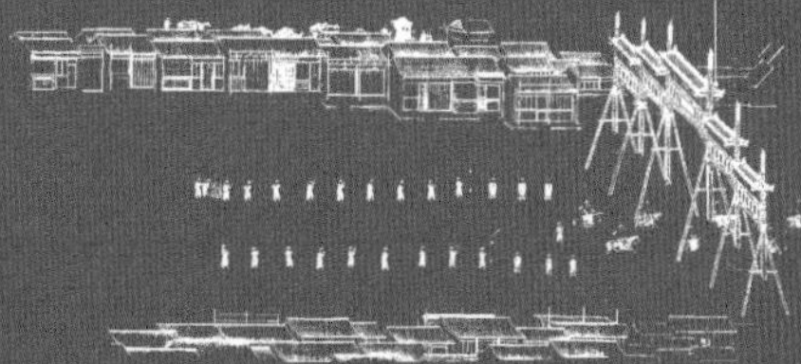

耍傀儡戏　方砚绘

永定门彰显国威

永定门位于外城南垣正中，是北京外城七门中最为高大的一座城门，寓意皇都永远安定。以永定门为起点，一条笔直的御路向北经永定门内大街、天桥南大街、前门大街直抵正阳门（前门），这是皇帝从紫禁城去天坛祭天的必经之路，构成北京中轴线南段的序曲。明清两朝皇帝龙驭回銮、往南游幸、郊劳射猎等活动时必经此门，也是官商市民南来北往进出京城的重要关卡。

永定门一方面作为外城的正门，抵御外敌入侵，兼具军事堡垒的功能；另一方面作为北京城中轴线空间序列的起点，彰显巍巍皇权，是政治中心和权力中心的象征，可谓关乎国体和国威的礼仪之门，体现着尊卑有序的礼制原则，成为北京中轴线最南端的重要标志性建筑。

今日永定门

嘉靖帝增建外城

明北京城是在元大都和金中都旧城的基础上，经过几次改造、扩建而形成的。朱棣迁都北京，并没有兴建外城。随着内城和南城（金中都旧城）商业的发展，城南地区居民日增，逐渐形成大片市肆及居民集中区。到了嘉靖年间，由于行会制度的推广，加上士子来京考试的需要，正阳门、宣武门、崇文门等前三门外，不断有行会会馆和各地会馆的建设，致使“城外之民，殆倍城中”。明嘉靖三十二年（1553）三月，兵科给事中朱伯辰进言：“臣窃见城外居民繁夥，无虑数十万户，又四方万国商旅，货贿所集，宜有以围之。矧今边报屡警，严天府以伐虏谋，诚不可不及时以为之图者。”朱伯辰进一步说道，“臣尝履行四郊，咸有土城故址，环绕如规，可百二十余里。若仍其旧贯，增卑培薄，补缺续断，即可使事半而功倍矣。”

朱伯辰所说的土城，指北京西南的金中都城，元朝时称旧城或南城，到至正年间城内住着十万户四十万居民。明正统十四年（1449），瓦剌也先挥师南下，直逼大同，威胁北京。明英宗朱祁镇听信王振谗言，御驾亲征，在怀来城外的土木堡被俘。十月，也先挟所俘英宗至北京西南部，兵部侍郎于谦率兵抵抗，部署明军于金中都故城彰义门杀敌，同时在西南街巷堵塞路口，埋伏神铳短枪以待策应。也先兵至金中都城土城，当地居民皆升屋呼号，投砖石击之，接着援兵至，也先兵乃挟英宗退去。明嘉靖三十二年（1553）修筑外城后仅仅7年，张爵著《京师五城坊巷胡同集》，其中所列的南城已有正东坊、正西坊、正南坊、崇北坊、崇南坊、宣北坊、宣南坊、白纸坊等八坊。可见此前金中都故城这一带与前三门外，已经发展为繁盛之区，修筑外城时重南城而轻北城，也正是这个原因。外城地区遂成为京师的重要组成部分。

外城的修建，大幅度地增加了北京的城市空间，也推进了城市社会的深度发展，使得从正阳门向南有一条笔直大道穿过东西并列的天坛和山川坛（今先农坛）之间，直抵永定门。外城城垣轮廓，与内城协调对接，同样是东西对称，在形态上形成新的城市整体。从此北京中轴线从永定门算起，向北穿过紫禁城的正中心和景山中峰，最后止于鼓楼与钟楼，全长7.8千米，成为全城中轴线的明显标志。中轴线的贯通，是外城与内城两城区整合的重要建筑规划措施，显示了内外城合并后北京城的完整性，以及北京城基本特征即中轴对称的完好性。明嘉靖帝对北京城的改造不仅典型地体现了我国封建帝王之都的设计思想，而且奠定了北京旧城的规模和格局。在北京城的发展史上，这是一个极为重要的阶段。

康熙南巡回帝京

永定门初建于明嘉靖三十二年（1553），当时未建瓮城。明嘉靖四十三年（1564），建圆弧形瓮城，瓮城南面辟有券门与城楼门洞相对应。后来所见的方形瓮城和箭楼，始于清乾隆十五年（1750）重建永定门时。这次增建提高了永定门的规格，使得永定门城楼在外城的七座城楼中最为高大壮丽，形成了持续两百余年的典型式样。（1957年城楼拆除。2004年3月10日在原址复建，2009年落成。）

北京城的城门除了具有军事防御、联络内外交通等作用外，在城市管理中还包括稽查出入、缴纳课税、限制通行等管理机制。明清两代的宵禁制度“晨钟暮鼓”，在每日的五更三点对应寅时五刻，敲响晨钟，打开城门解除禁止，恢复通行；在一更三点，对应戌时五刻，敲响暮鼓，这时各个城门关闭，除非疾病、分娩、死丧等特殊情况外，禁止出行。永定门作为外城的正门，也遵照宵禁制度，控制人员出行的时间。对于进出人员及随身携带物品进行安全检查，如遇到紧急情况，例如抓捕罪犯或抵御外敌，也可提高盘查的力度甚至可以暂时关闭城门。永定门作为商贾出入的城门，对于物资往来交易收取关税。

今天，我们已经很难想象永定门在清乾隆年间重建前的样子。所幸藏于北京故宫博物院的《康熙南巡图》，展现了康熙帝第二次南巡时的盛况。《康熙南巡图》第一卷“出警”，描绘清康熙二十八年（1689）正月初八，从京师出发的情景。画面开始即为永定门，玄烨

《康熙南巡图》中的明建永定门

坐在一匹白马上，由武装侍卫前呼后拥，沿途路旁有舆车及大象，一直排列到南苑行宫门口。第十二卷“入跸”，画卷从左至右由永定门直至紫禁城太和殿。画卷最左端是云雾之间若隐若现的永定门，仅有单层城楼和瓮城，并无箭楼，在永定门外的城门西侧也只有一个值班房。此图为乾隆重建前永定门的真实写照，其卑小的形制与京城正南门的地位极不相称。

我们现在所见到的清末民初老照片中，永定门由两层的城楼与单层的箭楼及瓮城组成，即是经过乾隆时期重建的完备形制。清末永定门部署神威炮四位，台湾炮五位，神机神枢炮一百零八位，由四名正

民国年间的永定门

蓝旗汉军官员，六十名士兵管理。在永定门外城的城墙北侧，东西各有一个值班房，共五个开间，正房面宽三间，前部有廊，两侧各一间，均系圆脊硬山顶。

20世纪20年代，瑞典艺术史学者喜仁龙教授称永定门体躯高大、整修完好的城楼，给人以雄奇壮伟的印象。喜仁龙在《北京的城墙与城门》一书中写道："永定城内景色优美，有若干树木和店铺。除了用长扁担挑着筐子的人，还有人力车，手推车，骆驼队和军用物资(运往南面营地)，川流不息地从这里通过……人们有时停在瓮城内外的小吃店前……接着这股人流穿过深濠之上的宽阔石桥，从桥头沿斜坡向东面和西面分道而去。桥上总是热热闹闹的，而与桥相连的街道两侧，又有鳞次栉比的旧式店铺，构成与这繁华场面非常相称的背景。忙碌扰攘的城市生活暂时集聚于此，然后涌向城外，涌向远处宁静的郊野。"

城门口狭窄小巷

《康熙南巡图》中，永定门往北，隐约可见大街两侧靠近城门的一组建筑群，属官府守备、稽查、课税等管理机构和寺观用房。过去北京内城九门的瓮城之中，皆建有庙宇，其中多为关帝庙。唯独正阳门瓮城里有两座庙：一座关帝庙，一座观音庙。因此就有了"九门十座庙"之说。实际九门中共有八座关帝庙，两座真武庙。城北侧的安定门属水、属玄武、主刀兵，供奉真武大帝；德胜门瓮城里也有两座庙：一座关帝庙，一座真武大帝庙，加上正阳门的观音庙，应是"九

《康熙南巡图》画稿中的关帝庙

门十一庙”才对。乾隆《京城全图》上，紧邻永定门东北角建有关帝庙，庙宇为一层三间殿宇，屋顶为歇山顶，院内东西两厢为硬山顶屋面，各三间，门屋的屋顶也为歇山式。永定门初建时没有瓮城，所以关帝庙建在城门口，供过往官民烧香礼拜，祈求平安。

清末民初，局势混乱，在永定门城门口两侧的寺庙周围，始有民居成巷。在关帝庙北头，有人开设旅店，取友直、友谅、友多闻之意，名三益店，成胡同后名三益里。一些破旧平房向南扩展，形成永内东头条、永内东二条、永内东三条等狭窄小巷。1933年，最南官府税务局处称税务局胡同，1965年定名永内东四条。

永定门西北角为佑圣庵，与关帝庙隔街相望。《北京寺庙历史资料》记载，佑圣寺位于永定门内大街11号，建于明万历三十二年（1604），属私建，房屋四十六间。该资料所记有误。北京图书馆藏佑圣庵碑拓片，太子太保吏部尚书李戴撰文，碑记“都城永定门内之西偏旧有佑圣庵”，并有“重修庙宇”四字，是为明万历三十二年重修所立无疑。其重修时间与明嘉靖三十二年（1553）初建永定门年代相隔仅五十年，很可能与永定门同期建成。佑圣庵也叫佑圣寺，清光绪二十六年（1900）八国联军攻入北京，将其部分拆毁。佑圣寺现在原址向北朝东异地重建，重建的范围包括主殿、二进院南北配殿、油饰彩画、院墙等。

佑圣寺北侧，先农坛东墙外有永寿庵，再北为观音庵。观音庵山门外设有“木影壁”，院内东西两厢各有配房，西配房为三间，而东配房南侧因置有焚帛炉，故为两间。居中的观音殿为三开间，内中除奉祀观音大士外，还供奉有华祖神像一尊。正殿后五开间的建筑，为“娘娘殿”。紧邻西侧房屋的古树旁竖有一碑，上有清咸丰年间重修观音庵的碑记。《宸垣识略》称：观音寺在先农坛南，近永定门，建于明万历中，崇祯时王应魁凿井施茶。《北京寺庙历史资料》载，观音寺位于永定门内大街7号，建于清光绪二十一年（1895），属私建，占地面积四亩，有房屋四十五间，泥塑三士菩萨像三尊，铁磬铁钟大鼓各一件。资料所记建于清光绪时显然有误。

清末，佑圣寺北侧形成佑圣寺北巷，寺南形成佑圣寺南巷，1965年佑圣寺北巷扩展为粉店胡同、南粉店胡同。佑圣寺南巷并入西坛根，称永内西胡同。民国时期，在观音庵与佑圣庵两座庙宇间开设有粉房，称粉房店西口。以后居民增多，北段观音庵所在地，因庵内水井名水井胡同，井的主人曾以卖水为生；西段因胡同内有较大的庭院，称西大院；东段有蒋姓大户人家，称蒋家胡同，1965年统称粉店胡同。

十里天桥似江南

我们现在一提起天桥，一定是大棚、估衣、八大怪，撂摊、杂耍、大力丸。但在乾隆朝以前，天桥地区不仅是一派春水溶溶的江南景色，为官吏雅士、文人墨客游玩赏观之所，还是老北京传统节民俗活动的发祥地之一。

两坛之间禁民居

从永定门到天桥，这一带地区在中轴线上有两处标志，一处是建筑标志天桥，一处是地理标志龙须沟。建筑标志天桥，位于龙须沟之上，是沟通前门与永定门地区之间的津梁。清廷规定，以天桥为界，禁止在天桥以南建筑屋舍。所以只在天桥两侧有官家楼房十间及北边步军统领衙门官厅三间。更北有小酒馆、饺子铺、小食铺，寥寥

《康熙南巡图》第十二卷局部图

几家。

天桥南大街和永定门内大街东侧，是世界上现存规模最大、形制最完美的古代祭天建筑群天坛，为明清两代帝王祭祀皇天、求雨和祈祷五谷丰登之场所；西侧是先农坛，它是明清两代皇帝祭祀山川、神农等诸神的重要场所，亦是城南的皇家禁苑。《康熙南巡图》对这段大街两侧只绘树木与坛墙，街上有一场欢迎康熙皇帝回京的大型花

会表演，由扮成士、农、工、商的人士组成“天子万年”四个大字。路东树丛中隐约露出一段蓝色攒尖屋顶及金色宝顶，显然是天坛大享殿［清乾隆十六年（1751）更名为祈年殿］的身影。那灰色城砖的墙体、朱红色的坛门与影影绰绰的祈年殿，在中轴线上凸显出整体宁静、肃穆的皇家祭祀文化特征。

据记载，天桥是一座单孔拱汉白玉桥，桥面上设有四道栏杆，

《康熙南巡图》中欢迎康熙回京的花会表演

桥面两侧铺花岗岩，中间铺青石，也就是供天子行走的御道。在清代，御道两端设“辖禾木”（三角形木架）将中间的道路封闭，只有皇帝去天坛与先农坛祭祀、籍田之时，才将其撤走。因此桥专供天子行走，故称天桥。天桥石桥两边各搭一座木桥，中间的石桥专供皇帝祭天时坐轿通行，木桥则供平时人们通行。天桥的弧度较大，可以把南北视线遮住。有回忆录说，天桥的桥身很高，站在桥南，向北望不见正阳门，站在桥北，向南望不见永定门。

春水溶溶到酒边

天桥地区的地理标志是龙须沟。老北京传说，正阳门是龙头，天桥是龙鼻，桥下的水沟是两条龙须。以天桥为界，西边的叫西龙须沟，简称西沟；东边的称东龙须沟，简称东沟。这条东西向龙须沟，就是辽南京城通向大运河的萧太后河。辽代为解决南京城（在今北京城西南）内的漕运问题，萧太后主政开凿南京城至潞县之间的运河。萧太后河起自南京城的东门迎春门，利用西直门外高梁河南支和玉渊潭注入南京护城河之水，出迎春门后接南横街南侧的大川淀和小川淀之水，蜿蜒向东流入陶然亭湖，然后东入龙须沟、金鱼池，沿天坛北转天坛东墙外，流入今天的龙潭湖区域，过左安门至今朝阳区十里河村，最终“下榻”通州张家湾，在那里与北运河相接，成为京杭大运河家族的一员，被誉为北京第一条人工运河。

中都城（在今北京城西南）建成后，北京成为金朝国都，市郊人口从三十万猛增到一百多万，仅有的萧太后河已无法负担日益繁重的漕运任务，又开辟引一亩泉和玉泉山水的运河工程，龙须沟一带遂成为河沟纵横、港汊交错的水乡泽国。到元、明之际，龙须沟两旁，杨柳夹岸，水池相连，颇有江南水乡的风韵，成为官吏雅士、文人墨客游玩赏观的地方。明代会馆、旅店、商业大都在前三门以外，距离天桥风景区最近，所以这里就成了最方便的浏览区。在天桥北面逐渐出现了为游人服务的茶肆、酒楼。夏、秋之季，每有画舫游人或饮酒赋诗，或品茗赏荷，为“妓舫游河必经之地”。

但是天桥地区地势低洼，成为易于积水地带，再加上北京春季多风沙，致使天坛围墙外风沙的堆积几与外墙等高。清康熙五十二年（1713），金昌业随兼其兄朝鲜冬至谢恩使正使金昌集访华。在他所写的《老稼斋燕行日记》中，记有“天坛垣外尽树黍干篱，问其由，则以此地多西风，故路中沙土随风来积，以至埋垣，设此所以

复原后的天桥

障也。黍高几二丈，而沙积其外者半焉。先农坛不受风，故不设篱，地势然也”。

清雍正七年（1729），朝廷决定把天桥以南至永定门外吊桥一带的道路改建为石路，以利通行。《清会典事例》载：“雍正七年谕，正阳门外天桥至永定门一路，甚是低洼，此乃人马往来通衢，若不修理，一遇大雨，必难行走。……天桥起至永定门外吊桥一带道路，应改建石路，以期经久。”说明在此以前，天桥至永定门还是土路，这也是“天桥”一名首次出现在皇家典籍。

清乾隆五十六年(1791)，为彻底解决天桥一带的环境问题，在天桥以南平行石路两侧各开挖了三条水渠，让龙须沟的水经过水渠流到永定门外的护城河。在两坛之外的隙地开挖池沼、植莲种柳。又在石路两侧各修筑一条土路专供行车，挖渠的土，一部分筑路使用，其余在渠边堆成土堆，上面种植树木以抵御风沙。事毕，把乾隆帝亲笔撰写的《正阳桥疏渠记》和《帝都篇》、《皇都篇》方碑，一起安放到天桥两侧。《正阳桥疏渠记》碑藏于天桥路口东北面红庙街78号，现为北京市文物保护单位。

这次疏渠植树的结果，一改昔日风沙扑面、雨水淤积的旧貌，变成杨柳依依、碧波荡漾“十里天桥遍绮罗，玉楼高处沸笙歌”的江南景色。对此，乾隆帝在《正阳桥疏渠记》里兴高采烈地写道：“疏渠之土即篑为渠岸之山，周植以树，兼培行车之土路，于是渠有水而山有林，且以御风沙，弗致湮。坛垣一举而无不便，向来南城井多苦水，兹胥得饮渠之清水为利亦溥，而都人士之游涉者咸谓京城南惬观瞻、增佳景。”嘉庆年间，张问陶有《天桥春望》诗曰：

“种柳开渠已十年，旧闻应补帝京篇。天桥南望风埃小，春水溶溶到酒边。”进士孙尔准亦有《杏花天》一阕，其小引曰：“小寒食，宿雨初霁，踏青至天桥，登酒楼小饮。柳晴波，漪空皱绿，渺渺余怀，如在江南村店矣。”

《正阳桥疏渠记》中没有说是否重建天桥，但提到了在天街石路两侧各修了一条两丈宽的土路专供行车，可见在修路以前天桥上是可以行车的一座平桥。既然这次整治工程含有重彰礼制的内容，那就很有可能强化这座中轴路上重要礼制节点的形象重建石桥。重建后的天桥纯是礼仪桥，而不是以往的交通桥，它专供皇帝祭天时坐轿通行，严禁百姓行走，这才有了“天子之桥”的称谓。

天桥天桥，有天无桥

清康熙后期，为了内城的防火安全，灯市从东安门外的灯市口迁到南城灵佑宫。灵佑宫在天桥西北，今灵佑宫胡同北端。灵佑宫原称十方道院，明天启年间，建五座大殿，一座高阁，御赐“护国灵佑宫”。每年上元灯节，灵佑宫与先农坛之间摆放各色花灯，搭棚售物。这里有书摊，可供学子文人选购，非常热闹。查慎行《凤城新年词》有“才了歌场便买灯，三条五剧一层层。东华旧市名空在，灵佑宫前另结棚”的诗句。

受灯市的繁荣和天桥周边江南景色的吸引，到了乾隆初年，天桥北面建起酒楼，文人雅士时常饮宴其间。乾隆年间诗人黄仲则写了《元夜独登天桥酒楼醉歌》长诗，开端便道：“天公谓我近日作诗少，

民国时的天桥

满放今宵月轮好。天公怜我今日饮不狂，为造酒楼官道旁。”登酒楼南望：“双坛郁郁树如荠，破空三道垂虹腰。”回首北望灯市：“回首却望望灯市，十万金虬半天紫；初疑脱却大火轮，翻身跃入冰壶里。”成千上万的烟火燃放后恰似金色虬龙腾空而起，刹那间犹如火轮翻身跃入龙须沟的冰壶里。

到了清嘉庆十八年（1813）九月，发生白莲教徒袭击紫禁城事件。清王朝认为河泊六处破坏了风水，嘉庆帝竟然下诏：“其天桥迤南河泊六处。该监审度象涉水火相争，与圣制文协坎离以亨既济本义殊不符合。其地依形家言为都城明堂，法宜坦平正直。今四凸参差于郊坛左右，观瞻亦复不肃，著照钦天监所请，交步军统领衙门，即用两岸积土将河泊六处一律培垫，以大和会而昭荡平。”从清乾隆五十六年（1791）到嘉庆十八年（1813）十二月，天桥南面的这六条渠道只存在二十三年便被掩埋，从此杨柳依依的景色逐渐衰败。嘉庆帝“湮河流，填土入之”之举，导致天桥一带水流不畅，每到雨季更是积水严重，甚至“明沟秽水，臭气熏蒸”，这种状况一直持续至清末。

清光绪三十二年（1906）修整正阳门至永定门的道路，将这条路上原来铺的石条一律拆去，改建成碎石子的马路，单孔高拱的天桥也改建成低矮的石桥。1929年，因有轨电车行驶不便，就将天桥的桥身修平，但两旁仍有石栏杆。1934年展宽正阳门至永定门马路时彻底被拆除。天桥作为一个地名，被一直保留下来。老北京从此多了一句口头禅：“天桥天桥，有天无桥。”2013年底，天桥历史文化景观重现，新的汉白玉石桥和两侧仿制的“乾隆御制碑”“《正阳桥疏渠记》碑”一起亮相，从而结束了天桥近八十年“有名无桥”的历史。由于天桥遗址所在地已是交通繁忙的十字路口，因此在复建时，新天桥的位置向南偏移四十米。

酒旗戏鼓天桥市

“垂柳腰支全似女，斜阳颜色好于花。酒旗戏鼓天桥市，多少游人不忆家。”天桥南大街形成于明代，称永定门大街，1947 年改今名。按照朝廷规定，天坛与先农坛之间为祭祀区，禁止在天桥以南建筑屋舍胡同。直至清末民初，天桥一带有不少流动摊贩和艺人撂地献艺，在此设摊搭棚，逐渐形成天桥地区的商业、游艺文化区。其两侧的胡同，大都形成于民国年间，是老北京民俗文化的发源地之一，孕育了流传百年且独特的“天桥文化”，被视为老北京平民社会的典型区域。著名学者齐如山在《天桥一览》序中写道：“天桥者，因北平下级民众会合憩息之所也。入其中，而北平之社会风俗，一斑可见。”

民国时期的天桥杂货摊

东市场自建胡同

现在人们所说的天桥市场，实际是个总称。民国时期，天桥市场以永定门大街北段划分，街东称东市场，后为原崇文区管辖；街西为西市场，后属原宣武区管辖。按照在天桥说书多年的评书名家连阔如的说法："天桥市场地势宽阔，面积之大，在北平算是第一。各省市的市场没有比它大的。东至金鱼池（不包括），西至城南游艺园（不包括），南至先农坛、天坛西门，北至东西沟沿，这些个地方糊里糊涂地都叫天桥市场。"

还在清道光、咸丰年间，这一带逐渐出现了流动摊贩和招揽游客观赏的打拳、卖艺、说书、唱曲等撂地艺人，是为天桥的雏形。清末民初人震钧所著的《天咫偶闻》中，有对天桥市场较早的描绘：

“天桥南北，地最宏敞，贾人趁墟之货，每日云集。……今日天桥左边，亦无酒楼，但有玩百戏者，如唱书、走索之属耳。”说明清末已有人在天桥附近设摊售货并出现了曲艺、杂技等娱乐内容。不过，直到光绪十余年间，天桥的南面仍旧旷无房舍，官道之旁仅有树木荷塘。即使在天桥北大街两侧，也仅仅各有一个广大的空场而已，在空场的北面建有几幢酒楼茶肆，场内虽有估衣摊、饭市及说书、杂耍摊棚，但为数不多。

在天桥市场中，最先兴起的是天桥东市场。民国初年，天桥以东的空地上集聚了不少摊贩。旧铁器杂项摊从天坛根摆起，沿龙须沟北岸往东，直摆到精忠庙街，长约半里，汇集了上百个这样的小摊棚，称“铁巷子”。所卖的旧货，或是由当铺内过期打出的；或是因铺户关闭存放售卖的；或是住户搬家离京出卖的；或是收废旧物品的小贩收来又出售的；甚至还有贼赃小道物品偷偷售卖的。清宣统二年（1910），在东市场（今北京自然博物馆处）建成天桥第一家名歌舞台的戏园子，随后在它南边建成乐舞台、燕舞台，这三家以苇席搭的戏棚子一字排开，以演评戏、河北梆子为主。以后在其东的空地上摊贩增多，待到天桥西面的天桥市场建成以后，以所在位置在天桥东面，故称东市场。后摊贩购买地皮自建低矮房屋，渐成院落窄小而不规则的街巷。

《北平天桥志》记：“天桥之东，街巷甚多，如六合公、忠恕里等分巷售物，各有专品，此街商贩，俱临时营业，多无柜房地。”1947年北平地图上，始记有东市场一巷至七巷，所售货物按巷分列，如东市场一巷原是木器市，二巷原是估衣市，七巷原为老菜市，东市场中街出卖皮货。东市场西街原为卖布的地方，据说侯宝林先生脍炙人口的相声《卖布头》即取材于此。

1918 年 1 月 16 日晚，坐落在天桥街西的升平戏棚失火，升平戏棚和附近摊棚都是席箔搭的临时棚，属易燃之物，虽有消防队和商民水会等赶来救火，但火势很猛，不容易控制。遂又将大街东的燕舞台、歌舞台等烧着。当局为避免再次发生火灾，明令各家戏园由席棚改为砖灰墙，铅铁板盖顶。此后，燕舞台、歌舞台虽然曾筹资重建，但这时西市场的戏园、电影棚和各种文娱、杂耍场子等大量出现，游人观众都拥向西市场，东市场的戏棚观众寥寥无几，生意不振，遂于 1931 年前后先后停办，废墟成了菜市和棚户民房。从此，东市场只有货摊，没有戏棚和其他文艺娱乐场子了。

西市场增添七巷

1914 年 4 月，内务总长朱启钤鉴于京师市政的重要，在顺天府下设立京都市政公所。针对前门地区交通拥堵愈加严重，指令拆除正阳门的瓮城和闸楼，将原来封闭的瓮城变为开阔的场地，在箭楼两旁修建马路。又在原月墙与城墙交接处，东西各辟两门，新筑两条各宽二十米的马路并开辟了人行道，修建排水暗沟，迁走拥挤杂乱的荷包巷内的商户。“将所有各商铺房屋，及公私民房，大小六十余所，一律收用，迁移拆让。”拨给天桥西沟沿龙须沟旁隙地一方，于是商民合议将所拆存的木石砖瓦移到天桥西，盖起了七条街巷，开设酒饭、镶牙、清唱茶社、百货等店肆。从此天桥西侧渐成为市场，因在天桥

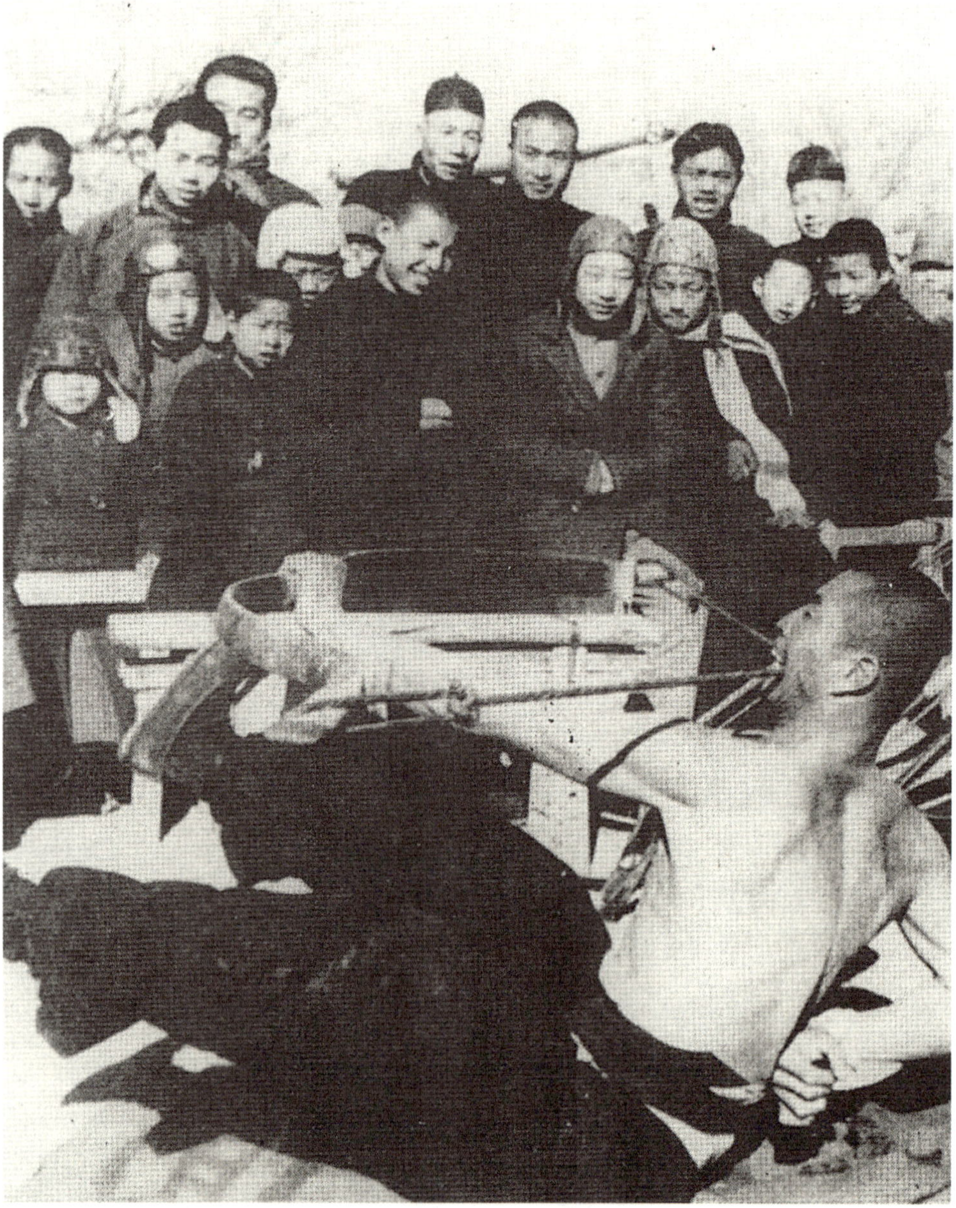

天桥艺人在拉大弓

西故称西市场，这才有了天桥西市场的称谓。

林语堂先生在《北京见闻录》中写道：“天桥市场，在天桥西南沟旁。场有七巷，命相星卜，镶牙补眼，收买估衣和当票等浮摊，以及钟表、洋货、靴鞋各肆，皆在北五巷。饭铺、茶馆则在南二巷。”自此，一些闯荡江湖的外地人也云集于此，茶馆、酒馆、饭铺、大小戏园、坤书馆，游艺杂技摊、卜相算命摊，样样俱全，逐渐演变成“平民化之娱乐场所”。西市场内戏园很多，有吉祥戏园、升平戏园、丹桂戏园、魁华舞台、红楼剧场、万盛轩戏园、天乐戏园等二十余家，可说得上热闹非凡。20 世纪 30 年代末至 50 年代初，相声艺人侯宝林、罗荣寿，单弦艺人曹宝禄，铁片大鼓艺人王佩臣，数来宝艺人高凤山，拉洋片艺人“小金牙”（罗沛霖），西河大鼓艺人王艳芳，北京琴书艺人关学曾，梅花大鼓艺人花莲宝，滑稽大鼓艺人“架冬瓜”（叶德霖），评书艺人陈荫荣、李鑫荃等都曾在天桥献艺。

不过西市场初步形成后，拥挤异常，十分喧嚣。著名史学家张次溪先生（号江裁）在《人民首都的天桥》一书中说，其环境已是“五方杂处，百商猬集。惟地势低洼，每夏，积水成渠。入夜，则蛙鸣不已，蚊蚋麇集。明沟秽水，臭气熏蒸”。游人没有休息纳凉之处，更无任何自然景观。当局提出应在城南开辟一个公园，供人们消夏避暑。

拆外坛渐成民居

1917年，北京外右五区署长高尔禄在先农坛外督清道队削平其地、筑土路，析以经纬。富商卜荷泉出资在先农坛东墙外凿池引水，种稻栽莲。造河筑长堤，夹岸植杨柳，其南其西，各启一门，皆跨有木桥。河置小艇，每到炎夏，则红莲碧稻，四望无涯。在池中央建凉亭式大棚一座，四周有玻璃窗，可以远眺，名水心亭，成为天桥市场旁的一处颇受欢迎的园林。水心亭外茶棚鳞次栉比，宛如小巷，张恨水的名著《啼笑因缘》中的许多情节就发生在水心亭。水心亭仅存在几年，1920年至1921年，两年间“天桥三遭大火，而水心亭尤烈，不能复修”。后将亭之北部地基，卖给电车公司建筑总站。

水心亭所在地，因在先农坛墙外，俗称“坛桶子”。1919年前后，陆续兴建了不少民房，逐渐形成街巷。1945年命名先农坛根。水心亭南面，天桥南大街路西，原有一片积水的低洼地。被有资者用极低的价码买下，出租给商贩、艺人，并规定谁租地谁平垫。这块地后来变成热闹的公平市场。公平市场撤销后，以街巷所处位置名公平胡同、公平东胡同、公平中胡同、公平西胡同。

1926年，内务部拆去东北角第一道外坛墙，其内空地，招商承买，添建先农市场、惠元商场、城南商场、天平市场等，成为天桥市场的中心。嗣后，坛墙内逐渐为百姓居住，从永安路往南分别建福长街头条、二条、三条、四条、五条、六条，南纬路，福长街四条、五条西通禄长街，西北为寿长街。

先农市场在公平市场西北，建于1926年，是经营百货与游艺的城所，南门在福长街头条。先农市场撤销后改为居民住地，先后名为先农胡同与先农里。先农市场东面是城南商场，位于天桥市场斜街南侧，福长街头条之间，平面呈三角形。城南商场东南是民生市场，亦为三角形状，北门直对天桥西市场大街。先农市场南部是惠元商场，设有商店、茶棚、饭馆等，撤销后改为民居称惠元胡同。再南是天农市场，位于北纬路北侧，为一方形街区，因经营不振，后改为居民住地，先后名为天农胡同与天农里。

从 20 世纪 20 年代中期开始，到 1937 年的这十几年，是天桥市

天桥市场旧景

今日永定门内大街

场历史上的鼎盛时期。1937 年七七事变。天桥市场范围日渐缩小。至 20 世纪 50 年代废止市场渐改为居民居住区。1957 年，天桥各类演出大部分停歇。2003 年，为配合永定门复建，永定门内大街两侧的居民全部搬迁。如今天桥艺术中心、天桥艺术大厦、天桥印象博物馆等均已落成，南中轴线贯穿南北，从永定门城楼到天桥，建成绿地公园，只保留下观音寺、佑圣寺和一小段石板路，成为市民游客休闲观光的好地方。

端午走马金鱼池

端午又叫端阳节、重午节、女儿节，是我国民间传统的三大节之一。明《帝京景物略》记载："五月五日之午前，群入天坛，曰避毒也，过午后，走马坛之墙下，……亦竞游耍。"过午，有的到金鱼池，有的到高梁桥、满井、草桥、积水潭携觞踏青。《咏归录》上说："踏青本清明故事，独燕京以五月五日游天坛松林、高梁桥、柳林、满井，藤阴结伴携觞者甚众，近咸集於金鱼池上，他处皆闲寂矣。"

天坛内奇葩胡同

天坛的祭坛文化，由来已久。金建都北京，称中都城，位在今天桥的西部。《汉书·郊祀志》上说得非常清楚："帝王之事，莫大于承天之序，承天之序莫重于郊祀。"于是，金代就在丰宜门外建南郊坛，并建朝日坛和夕月坛，行天地分坛。朝日坛建在金中都城施仁门（今虎坊桥魏染胡同南口处）外东郊，名“朝日大明坛”。这大明坛的位置，在今天坛祈年殿一带。大明坛四周广栽柏树，以柏林配祭坛，是“殷人以柏”殷礼的延续。柏树也是北京地区“其土所宜”的树种，至今仍被北京市民选为市树。至今在祈谷坛长廊北的古柏林中，尚有几株古老的柏树，树龄为八百多岁。这些柏树与北京建都史同龄，是金代大明坛的见证。燕都人在端午节游柏林，仰仗天神之力以避毒瘴，携觞踏青，成为老北京传统节令习俗。

既然天坛是皇家禁地，那么平民百姓如何进得坛去参加端午活动呢？此事我特意请教了天坛公园总工程师徐志长先生，原来在庄严肃穆的天坛内不仅盖有民房小院和胡同，还开着茶馆、酒肆、药店，只要肯花钱，没有办不成的事情。

早在明永乐十八年（1420）初建天坛时，就在天坛西门、今祈谷坛西天门外南侧与斋宫隔墙相对的位置上，建造了神乐观，清代更名神乐署，用于管理坛庙祭祀乐舞机构和乐班驻地。朱棣迁都北京，把原在南京神乐观的三百名道士、乐师带到北京，进驻天坛神乐观。那时候神乐观还在坛外，直到嘉靖朝增辟外坛，才被围入坛内。由于祭天大典并非年年按期举行，对这些道士、乐师又缺乏考评制度，所以他们把精力都用到办道场、祈福算卦之类的民间挣钱活动上，致使本职业务荒废。清人笔记《戴斗夜谈》记载京师流传“十可笑”歌谣：“光禄寺茶汤，太医院药方，神乐观祈禳，……”讥讽那些名实不符的官署，神乐观竟然名列前三名，可见其口碑之差。

道士们不仅在观外北、西、南地面自建起住房和小巷、胡同，还

清代算卦摊位

在观内栽花，开茶馆酒肆、济生堂药店等吸引游客。坛内店铺之多，难以想象，仅清嘉庆道光时期就达四十家。天坛南神厨前有六角井亭一座，绿琉璃瓦盝顶，井名甘泉，因其水清味甜而得名。祭天祈谷时用的供馔和糕点，全用此水调制。于是道士们先放出谣言，说此井水源在天，水通天河，被明世宗朱厚熜赐名“天泉”，然后他们就高价卖水卖茶。清代翰林王士祯有诗云：“京师土脉少甘泉，顾渚春芽枉费煎。只有天坛石甃好，清波一勺买千钱。”天坛内植物繁多，其中以益母草最为著名，嫩芽叫“龙须菜”，中医用以治疗妇科疾病。道士炼膏以售，名“天坛益母草膏”，又为他们增加了一条致富门路。对此朝廷虽有整顿，但收效不大，甚至出现在坛门附近开露天酒摊、茶座，酒醉群殴、官吏狎妓闹事的丑闻。到了清末，神乐署一带完全如庙会闹市一般，除搭棚卖小吃外，还出租房屋、招民开设小作坊。

直到 1914 年，当时的大总统袁世凯欲行祭天大典，天坛再次变为禁地。为防不测，袁世凯命人彻底将神乐署附近坛内的茶楼、酒肆、药店以及留居的闲杂人等，一律驱逐出坛。坛内那几家药店，也迁至天桥市场。

络马青丝白玉鞭

辽金以来，随着北京城市地位的提高，北京地区的端午节，既传承了端午节的整体特征，又在幽燕大地上形成了自己鲜明的特色。《金史》载："金因辽旧俗，以重五、中元、重九日行拜天之礼。"拜天礼毕，"行射柳、击球之戏，亦辽俗也，金因尚之"。射柳时："当射者以尊卑序，各以帕识其枝，去地约数寸，削其皮而白之。先以一人驰马前导，后驰马以无羽横镞箭射之，既断柳，又以手接而驰去者，为上。断而不能接去者，次之。或断其青处，及中而不能断，与不能中者，为负。每射，必伐鼓以助其气。"击球则："各乘所常习马，持鞠杖。杖长数尺，其端如偃月。分其众为两队，共争击一球。先于球场南立双桓，置板，下开一孔为门，而加网为囊，能夺得鞠击人网囊者为胜，或曰：'两端对立二门，互相排击，各以出门为胜。'球状小如拳，以轻韧木枵其中而朱之。皆所以习跷捷也。既毕赐宴，岁以为常。"

元代和明代，射柳逐渐成为一项固定的端午武戏，在皇城及军队中流行。《万历野获编》补遗载，"今京师端午节尚有射柳之戏，俱在天坛，俱勋戚，中贵居多。各边文武大帅，例亦举射，行宴犒礼”。如果说金元时期端午节习俗以国家拜天仪式为中心，辅之以具有演武性质的射柳、击球竞技，是一种国家主导的节俗形态的话，那么明清以后北京的端午节已演化为天坛避毒、金鱼池走马观鱼等占据主导地位的节日民俗活动。明末清初之《北京岁华记》亦载京师旧俗：“端午用角黍、杏子相遗，挈酒游高梁或天坛，坛中有决射者，盖射柳遗意。”《北京风俗杂咏》中也有描绘端午习俗“球场射柳马如飞，艾叶催装七事衣”的诗句。

金鱼池位于天坛公园北侧，今金鱼池东街、金鱼池中街、金鱼池西街即为金鱼池旧址所在。过去这里分布着大片水坑和许多小湖

金鱼池旧景

泊，是金、元、明、清直至民国时期饲养金鱼的地方，称“金鱼池”。附近居户以培育金鱼为业，数十亩池塘星罗棋布，培育出许多优良的金鱼品种，然后到市场上出售。金鱼池一带曾有不少达官贵人的园亭楼阁，明代武清侯李伟的新园，就是其中很有名的一座。园内有鱼池，可以泛舟，还有梅花亭、凫楼、船桥、鱼龙亭、长廊等建筑，极为秀丽壮观。园中的水引自北面的三里河，南穿金鱼池流入龙须沟。从天坛北墙到这里，地势空阔，适于举行赛马盛会。金鱼池四周种植了许多柳树，每到端午时，池边游人相望不绝，走马观鱼，饮酒喧呼于夕阳芳树之下，竟日忘归。清初文坛领袖王士祯有诗云：“记来剧饮暮春天，络马青丝白玉鞭。却倚回廊望珠箔，吴歌赵舞为君妍。”到了清末民初，金鱼池一带日益衰败，污水泛滥，疾病蔓延，成为旧北京有名的贫民窟。20 世纪 50 年代中期，填平湖面，盖起楼群，建成新的居民区。

东小市金台书院

金鱼池西北，有东西向刷子市胡同，西起草市街，中通山涧口二巷。当地以制作和贩卖刷子为主，清末称刷子市。1965 年将东端椿树胡同等并入称今名。刷子市胡同南部，有一系列以山涧为名的街巷。山涧口一巷宽两米，南北走向，因连接山涧口街而名。这里的中间地带较宽阔像个场院，周围的小胡同弯弯曲曲通向其间，曾名川堂院。中华人民共和国成立前此地到处是破旧的鸡毛小店，住的都是下层贫苦百姓。山涧口二巷，西起山涧口一巷，南至山涧口街，因临近山涧口街而得名。过去这里是个小土坡，只建有十五间民房，在1933年《北平地名志》中称十五间房，1965年定今名。

山涧口街，东西走向，两头高，中间低，形如山涧，清称山涧口。山涧口南，南北向胡同名老虎洞。据说因两家互相不服，一家称老虎洞，意思凶猛不好惹；另一家命名山涧口，意思是你再厉害的老虎，也得掉进我的山涧口。过去刷子市、山涧口、龙须沟一带，是底层市民的聚居处。其中最典型的是“十八狱”，系由十八户人家四十三人组成的大杂院，房屋用碎砖头和破木料搭建，住户基本为车夫、杠夫、肩夫、小贩、捡破烂和讨饭的穷苦市民。1965年，将一条龙、张家店、车家大院、后坑、直门并入，统称山涧口街。老虎洞改称红山巷。

精忠街南北走向，在清代称精忠庙。庙祀岳飞忠武，康熙时建，有大学士刘统勋碑。精忠庙前有金鱼池水流过，石板小桥通庙门口。庙内三重殿堂，前殿供牛皋、汤怀、王贵、张显塑像，中殿供岳飞像，后殿供周侗、孙膑坐像。庙门口土台上放着铁铸秦桧夫妇跪像。清代，精忠庙“烧秦桧”为京城一大活动。每年农历正月另塑秦桧夫妇土像，用火烧之。往观者众，热闹异常。1959年，秦桧夫妇铁像迁入中国历史博物馆。精忠庙侧曾有一座梨园弟子的祖师殿，清时的宫廷演剧机构“南府”将此处作为梨园子弟公所，专门从事联络民间戏曲艺人进宫演出的事宜。

金鱼池北为西晓市街，清代称东小市、新小市。“每日寅卯二时，旧货物者交易于此，惟估衣最多。”1965年，以金台书院为界分为东、西晓市街。金台书院前身是降清名将洪承畴的私宅，称洪庄。清康熙三十九年（1700），京兆尹钱晋锡在宛平、大兴分设义

金台书院

学，收孤寒生童就读，洪庄改建为京师义学，康熙特赐御书“广育群才”匾额。清乾隆十五年（1750）改建为金台书院，隶属顺天府官署管理，所收学员主要是京师和各省准备参加会试、殿试的举人和贡生，顺天府的童生亦可就读。清光绪三十一年（1905）废除科举制度，改为顺直学堂。后又几易其名为崇文区第一中心小学等。1984 年定为市级重点文物保护单位。

“金十字”珠市口

从天桥往北到前门，便是中轴线上的前门大街。中间遇到的第一个十字路口叫珠市口，珠市口处于南北中轴线与东西珠市口大街交叉处，被誉为中轴线上的“金十字”。珠市口到天桥这段街道叫珠市口南大街，北通金绮珠玉的前门商业区，南连天桥平民传统文化区，很像两种文化交汇的过渡地带。尤其南段街上的商铺，过去多带有底层百姓活动色彩。

到挂货铺去“捡漏”

按张次溪先生的说法，从天桥顺大街往北，多平民商店，决无丝毫贵族气。路西有红果店、卤虾店和两家书馆。南面的书馆叫小车铺子，街门外制作独轮车；北边的那家，称切糕屋子，早半天依然上屉蒸切糕。两家书馆面积都不大，利用天桥地利在屋中隙地添设书场，双管齐下。书馆挣钱，全靠说书人艺术高超。书馆的规矩，每两个月说一部书为一转儿，过期改换新角。这两家书馆，一年六转儿，所约的全是红角儿，像“评书大王”双厚坪，以说《精忠传》著称的潘诚立，说《包公案》的王杰魁，等等。

往北，最为醒目的是北京基督教会珠市口堂。珠市口堂始建于清光绪三十年（1904），是光绪二十六年（1900）以后美国卫理公会开设的八座教堂的第一座。与其他教堂不同的是，珠市口堂从建堂一开始就由中国牧师主持。1921 年，该堂进行了扩建，基本形成了今天珠市口教堂三层的建筑格局。教堂建筑是哥特式建筑的突出代表，以细长的柱子代替厚墙。外形高耸轻盈，内部是镶嵌画和彩色玻璃画。线条轻快的尖拱券，造型挺秀的小尖塔，轻盈通透的飞扶壁，修长的高柱或簇柱，形成一种向上升华的神秘幻觉。

路东一带有不少茶饭馆，规模都不大，进城贩卖果品的商贩是茶饭馆们的常客，果贩事情未完，即住在相熟的茶饭馆，不必再住旅店。

著名评剧演员新凤霞回忆起那时从前门大街往南，越走越穷，路越走越不平，两边净是破旧的小瓦房。很多破旧的铺面外，货物都摆在门口，水缸、扫帚放得杂乱无章。还有在店门外写着“过往行人”“安寓客商”的各式各样的小店。她所住的兴盛店，离天桥搭班唱戏的万盛轩很近。这家小店就挂起她的大照片，打着锣大声吆喝：“新凤霞唱戏在万盛轩，一毛钱就能看一天，请您来住我们兴盛店，大通铺卫生舒坦保平安，兴盛店离万盛轩真不远，看戏来回还省车钱，来呀快住兴盛店吧！”

珠市口南大街路东最有名的，要数在北京独有的“挂货铺”，除了天桥，您到任何城市都看不到。“挂货铺”经营范围介于古玩铺和旧货店之间，零七八碎的文物多属明清时代的居民用品，可称之为民俗文物。店铺的部分商品诸如壁毯、壁灯、弓箭、旧戏衣之类，挂在门市的四壁，老北京人称之为挂货屋子。20 世纪二三十年代，这段街上有奇珍祥、瑞珍祥、祥和成等十四家，大都开设于清光绪二十六年（1900）至 1948 年。挂货铺各家有不同的主顾，经营的品类也各有重点。如祥和成以经销蒙藏少数民族用品为主；祥和号以新地毯、宫灯、牛角灯为主；同德福专营硬木家具；双和号以古铜器为主；和兴号以鎏金铜胎佛像和小铜器为主；恒兴号经营山西漆器；奇古斋以仿旧壁画及石佛头为主；奇珍祥经营新旧地毯、嫁妆货瓷器、旧乐器等，并以做出口生意而发财。

挂货铺的商品不少来自鬼市（晓市），也有派人到外地去采购或由外地代理商收购。天桥南大街东部，半壁街南直到磁器口大街，明代称苜蓿园北，清代称东小市、新小市。昔日街中有慈溪会馆，每科举之日，直隶学政录取遗才于此。街北有关王庙、慈源寺、药王庙、天庆寺。《宸垣识略》载：“东小市在半壁街南，隙地十余亩，每日寅卯二时，旧货物者交易于此，惟估衣最多。”每天凌晨两三点钟有买卖旧货的“鬼市”，天亮散市，遂名“晓市”。这里的货品多为杂物、旧货，价格低廉。小古玩铺和挂货铺的人提灯到市上买货，行话叫“抓货”。1933 年《北平地名典》称此街为东晓市，1947 年改为东晓市大街。

民国时期挂货铺的人到市上“抓货”

挂货铺也属古玩行，但一般人认为它们不会有什么好玩意，要买古董还得到古玩铺。为此挂货铺收来珍贵文物，便拿到古玩行商会的窜货场，公开拍卖或送到大古玩铺去卖，行话叫“过行”。同样，古董商也会到挂货铺去“捡漏”。据说20世纪30年代初，双和号王掌柜，用五十元收了堆缺胳膊断腿的木头人和掉了螺钿的紫檀座。雅文斋古玩店经理萧书农经过讨价还价，以三百元成交，王掌柜认为捡便宜了。谁知萧经理懂行，看出这是艺术价值相当高的乾隆木雕《八蛮进宝》。回去又花了三百元，请小器作高手整修配制完整，标价六千元，后被英国人当宝物收藏。

西草市与铺陈市

受繁华的前门商业区影响，珠市口南大街东西两侧的门面房，是在摆摊卖货的棚房基础上建设起来的，所以正街的后面各有一条南北向的背街小巷。今西草市就是棚房以东的胡同，铺陈市则是棚房以西的胡同。其形成原因，在下一章会详细说明。

西草市原名草市，过去草市上销售喂牲口用的草料，也经营居民家里生火做饭用的柴草。北京人把烧火用的柴草叫柴火，亦称柴火市。这两样儿在科技落后的年代属于相当畅销的用品，所以草市在北京城里到处都有。以后为区别于崇文门外蒜市口那边的草市，这个草市就被称作西草市了。随着燃煤逐渐从大户人家普及到普通百姓，柴火的需求量越来越少，草市也随之名存实亡。

相反由于京剧的迅速发展，戏曲服装行头业在西草市逐渐兴起。20 世纪初，河北饶阳人李春在西草市首设承做戏衣的德厚春绣局；以后，他又与人联合开了三顺戏衣庄。过去有句话叫穷小姐、富红娘，京剧《红娘》里的红娘只是个丫鬟，但她是挑班的台柱子，每上场戏都要换身耀眼的行头以取悦观众。崔莺莺虽然是小姐，但只是配角，从头到尾差不多总是那套衣服。特别是坤角，吃的是青春饭，行头光鲜说明有人捧，行头翻新说明角当红，可见行头对演员的重要性。行头铺有戏衣庄、盔头铺、把子铺、胡子铺、靴子铺之分。到20世纪30年代，西草市的戏衣店已有三十家左右，其中“久春”“三顺”“双兴”“德光”被称为四大戏衣庄，“盔头刘”“把子许”等也渐成品牌。西草市遂成专门经营戏装的特色街，变身北京南中轴亮丽一景。

西草市北口，有一条略向东北的西半壁街。因胡同内只半边有房，明称半边街，清名半壁街。以前胡同里有十几家皮货店，又称皮货街。西半壁街13号，一代豪侠大刀王五在此创办源顺镖局，让这条胡同名声大噪。王五为源顺镖局立有四条规矩：第一，重要的镖车亲自押送；第二，凡是来访的朋友，只要提到大刀王五的，要热情款待，走的时候还要给他盘缠；第三，冬、夏要为贫困的人施舍衣服：冬天要施舍寒衣、夏天要施舍单衣；第四，春节期间，镖局的车马装上东西去周济穷人，要做好事。百姓赠以“重义解骖”“德容感化”两块匾额，其行侠仗义的故事一直流传至今。

西草市街东侧，有条南北向平行的胡同，早年间它东面有条排水沟，故名“沟尾巴胡同”，当地俗称“狗尾巴胡同”。此地原是卖包装水果用草包的地方，胡同内有几家旅店，南面有四家浙江人合办的“四联染厂”。过去狗尾巴胡同周围坑坑洼洼、污水横流，有后沟沿、草帽胡同、天顺胡同、小沟胡同、兴隆街等多条小胡同和死胡同，1965年并入狗尾巴胡同，更名西草市街。

铺陈市在珠市口南大街西侧。铺陈市原称穷汉市，因胡同南端在龙须沟西沟沿，有贫苦人的劳务市场而名。清光绪时称补拆市或补陈市，1947年雅化为铺陈市。铺陈是“铺衬”的意思，老北京把破碎的、废旧之衣物棉织品叫“铺衬”，用来“打袼褙”纳鞋底。铺陈市里的摊贩店铺专门收购“铺衬”，加工分类，再进行售卖。北京的经济地理分布源于社会需求，过去由于社会下层流动人口的存在，灵佑宫胡同、铺陈市、福长街一带都是底层市民的聚居之处，估衣铺和一些鸡毛小店也大量出现在铺陈市。

“道儿北”和“道儿南”

珠市口的名字带着珠光宝气，但这一带从未出现过珠宝商业的生意。这里本是买卖生猪的交易市场，明朝时称“猪市口”。到了清代，前门大街的商业日渐繁荣，生猪市场移至东四地区，遂雅化为今名。由于珠市口正好处于南北中轴线与东西珠市口大街交叉处，四通八达，车辆众多，餐饮、食品、水果、服务、百货等店铺密集，路口处不乏戏园和老字号，被誉为中轴线上的“金十字”。

森泰茶庄茶叶罐

珠市口十字路口南边路东，有两家老字号，一家是森泰茶庄，另一家叫南庆仁堂。森泰茶庄始创于清咸丰年间，以经营安徽的“大方”茶叶与茉莉花茶闻名，从创办起就开始为皇宫提供御茶。森泰茶庄是木结构的两层小楼，雕梁画栋，绚丽秀雅。悬于门前的“森泰茶庄”牌匾，为清末翰林张海若所书。正堂内挂有张大千的《猛虎图》及出自张大千二哥张善孖之手的春、夏、秋、冬四季彩屏和《孔雀图》，其经销的茶叶即以孔雀为商标。

1912 年王子丰在崇外花市创办庆仁堂参茸庄，以经营人参、鹿茸、牛黄、麝香、阿胶等贵重药材为主。王子丰要求学徒一律推平头，着长衫，练书法，精算盘，背药典。由于经营得法，服务周到，生意日隆。1918 年在珠市口开设南庆仁堂药店，以后又陆续开设虎坊桥西庆仁堂、东四北庆仁堂、白塔寺大和堂、前门大街庆颐堂等。不到十年庆仁堂发展成为拥有七个联号的京城大药店。

永安茶庄在珠市口西南角，开业于 1935 年，本号设在通都大邑天津市河北大街。而设于文物荟萃之地的北京分号，因其匾额系当时的监察院长、现代著名书法家于右任先生所书，兼之所售自制“拼茶”，芬芳馥郁，别具一格，故许多文人墨客与村客野老，均慕名纷至沓来，借购茶之机顺便瞻仰于先生墨宝。

西北有清华池浴池、华北戏院、丰泽园饭庄，路南有开明戏院（1949 年改名民主剧场）。丰泽园经营鲁菜，京城著名的“八大楼”之一。原址在煤市街 67 号（老门牌），是一座四进院建筑。1930 年，由北京“八大楼”之一的新丰楼堂头栾学堂、陈焕章等二十多位师傅，在同德银号经理姚泽生、西单商场经理雍胜远出资扶植下开办。段祺瑞、吴佩孚、韩复榘、张学良、张自忠、梅兰芳、张大千、齐白石、徐悲鸿、施今墨等社会各界名流，都到此品尝过风味美餐。

珠市口还是中轴线上的重要节点。过去以骡马市大街、西珠市口大街为界，街北叫前门区，有“道儿北”和“道儿南”之分。虽然前门到天桥都称为前门大街，但“考其推移之迹，大约沿正阳门大街，逐渐南徙”，“道儿南”的商铺显然没有“道儿北”的那些老字号名气大。不仅购物逛商店要去“道儿北”，听戏看角也是去“道儿北”。包括艺人，在天桥一带的演员要想出名，必须得使出全力到“道儿北”演出。当年，侯宝林、新凤霞，包括河北梆子名家李桂云，一个个从天桥出来，都是先跳到珠市口的开明戏院里演出，得到观众认可才能到“道儿北”的其他剧场演出，直到最后成名。

百年“香厂新市区”

“香厂新市区”位于南中轴线西侧、天桥演艺圈北侧，包括珠市口西大街以南，东至留学路，西到虎坊路，南至永安路的一大片区域。1914年，首次引入西方建筑及管理理念，扩展修建区内香厂路、万明路等十四条道路，兴建居民区、医院、商场、饭店、娱乐等前卫设施。场地北侧延续前门大栅栏的传统城市肌理，南侧向现代化城市尺度过渡，出现了传统胡同四合院与“新”“奇”“特”楼层穿越的空间，被誉为一百年前北京近代化进程中城市改造的示范地区。

启动万明路建设

珠市口西大街南侧，有条南北向的留学路，明代因此地多宰牛户而名牛血胡同。张爵《京师五城坊巷胡同集》有“猪市口、厨子营、牛血胡同、宝鸡巷”。清因之，俗称牛油胡同。左近有香烛厂，简称香厂。张次溪先生在他的《次溪野录》一书中，对当年香厂地区的状况有过详细的描述：“四十年前，所谓香厂儿，其界地亦甚混合，由天桥儿以西，牛血胡同以南，凡空地而未经盖房者，大概其全叫香厂儿。当初是否有制造香料的厂子设于附近，无从考查。只知道该处臭气冲天，跟金鱼池迤西一样。外城旧例，凡空地必蓄死水，附近之居民，或是熟皮子，或是开染坊，利用死水坑子，以营其业，名曰香厂，实则臭的难闻。”

清光绪末年，推行了一系列“新政”举措，明令各省开办学堂。清光绪三十四年（1908），修筑南北新华街道路，将明沟改砌成暗沟，并在沟西扩建高等师范学堂、沟东新建五城中学堂（今北京师范大学附中）。当时，在南新华街堆积了大量建材，致使每年一度的厂甸庙会无法举行。清宣统元年(1909)，当局决定暂时把厂甸庙会由海王村公园迁到香厂的空旷隙地举行。经过填壑整地，清除垃圾，厂甸庙会连续三年在香厂一带如期举行。庙会结束后，还存留不少摊商与伶人支搭的寮棚，让原来寂静空寥的香厂地区，形成了一个热闹的自由市场。

1914 年，朱启钤出任内务总长兼市政督办，继续依照宣统时的规划在这一带“延续引进西方文明的建设”，启动香厂“模范市区”（又叫“新市区”）建设。香厂“新市区”建设的范围很广，远远超过今天的香厂路。其范围在虎坊路以东、珠市口西大街以南、永安路以北、留学路以西的区域内。为此，京都市政公所多次派员出国考察，以每人每月五百大洋的高薪聘请外国专家为顾问，并在《市政通告》上开辟专栏刊登西方国家城市规划建设的文章，介绍先进的建筑经验

民国时期一家香厂及其招牌

和理念；同时开辟纵横经纬的香厂路、华严路、永安路、大川路、留学路、永定路、虎坊路、阡儿路等十四条马路。在万明路与香厂路交叉路口的圆盘中心，设立北京最早的交通警察岗和电灯柱。至今这儿条马路也是当地的主要干线。因这一带属新型街道，都冠之以“路”和“里”，以区别以前的老街巷。

万明路的名称来源于街北口路西的万明寺。光绪《顺天府志》载：“万明寺，元水浙庵也，在香厂。元水浙庵故址，明万历重修时改今名。本朝康熙年间，都司谷之麟重建，殿宇颇崇丽，称巨刹也。”今万明路从北到南东西两侧修建的多幢西洋式二层建筑，平券门窗多加壁柱，上为木桁架仰合瓦顶，前加檐口女儿墙。楼梯在店内，底层为商店，二层为辅助用房。这都是京都市政公所招商引资，推行现代城市规划“新市区”的重要建筑遗存。

牛血胡同东支原名高爵街，又称高台阶，曾建有湖南巴陵会馆。牛血胡同和高台阶两巷合并，以牛血胡同谐音雅化为留学路。仁民路原来叫香厂南坡，因新建仁民医院得名，《京都市政汇览》载：仁民医院建于“民国四年，本公所鉴于市内贫民日众，遇有疾病，医药维艰，而公立医院尚待扩充，爰即择香厂官地，着手建筑，筹建京都仁民医院”。1972 年改称北京市宣武中医医院，今天在大门上端还隐约留有医院旧名的痕迹。它如华严路因街上华严寺得名，仁寿路以仁寿寺而得名，香仁路因在香厂路和仁民路之间而得名，华仁路因在华严路和仁民路之间而得名。

“大世界”要向“钱”开

1915 年 6 月，正当市政当局热火朝天开发香厂地区之际，以张謇为总长的农商部鉴于一战爆发后，“外货来源不继，正国货畅销有望之机”，呈请大总统“乘此时机，开设国货展览会于京师，广为倡导，树之风声，庶足以应时势之要求，而励工商之迈进”，这项建议得到了袁世凯的批准。随后，农商部开始着手筹备这次国货展览会，筹备过程中北京和上海响应积极。在北京，直属内政部的“京都市政公所”专门成立出品协会，征集到一万四千余件出品，并于9月1日至10日，在先农坛举办出品展览会。为了这个令人注目的国货展览会，特地修建了先农坛的东门和北门，北门出去就是香厂地区。“四部汽碾连夜工作，北坛门内外，亦将道路修垫平坦，游人车马往来，无不称便。”这无疑加速了香厂建设的进程。

万明路与香厂路交界处东侧，建造新世界游艺园。游艺园为江西督军陈光远出资，由他最得宠的五姨太一手筹谋，她要求英国工程师把大楼设计成海轮船模样的外形，她说，“我的船就要向‘钱’（前）开”。因游艺园仿照上海大世界而建，人们俗称其为“大世界”。1918年2月11日（农历正月初一），“大世界”落成开业，由上海人刘宝赓出任总经理。“大世界”一楼正门开向西南，进门首层面对电梯间，电梯两侧高大的铁栅栏上悬挂的都是坤伶的大幅剧照。第一层是“小有天饭店”和京剧剧场，饭店专卖南北大菜，剧场由坤角组成的“崇雅社”演出。在开幕的当天，观众多到把座椅都踩坏的地步。二楼是电影院和杂耍馆，电影院专演各国电影，杂耍馆表演魔术、曲艺、相声。三楼由当时的名伎演唱各种词曲。四楼为吉士林西菜馆。五层是屋顶花园，建有亭台楼阁，可以远望西山和北京饭店，楼下设有四面新奇的“哈哈镜”。《顺天时报》连续刊登开幕的广告：“入门券每位铜元三十枚，中餐券每位大洋半元，西餐

新世界游艺园

券一元；各种游艺随便入览，不另收费。”开业以后，立刻轰动了当时的北京城，一时间车水马龙，游人如织。在“大世界”发生过一件大事：1919年的6月11日晚，陈独秀先生带着起草的《北京市民宣言》，同高一涵、邓初等人在“大世界”屋顶花园撒传单时遭到逮捕。后在各方营救和社会舆论下，当局被迫于9月16日将陈独秀等人释放。

在“大世界”的对面，又建三层楼的东方饭店。东方饭店是北京第一座由中国人投资建设、自主经营的高档饭店，当时每天有七辆出租车免费接送客人。李大钊、陈独秀、蔡元培、胡适、张大千、白崇禧、张学良等人都曾在此居住过。吴佩孚、张作霖、冯玉祥发生直奉战争，鲁迅避难住在东方饭店期间，在此撰写了著名杂文《记念刘和珍君》。至今饭店北侧客房部位，部分楼梯、扶手仍为1918年原状原物。

东方饭店西楼

香厂路昔日辉煌

自1914年开始，香厂新市区建设采用了西方城市建设的理念，运用当时最新的市场经济手段来进行建设，将土地招商投标承租，一时租地盖房者甚为踊跃。并聘请西洋及海归派设计师出图纸，设计沿街带有鲜明西洋建筑风格的商住楼，在新市区内铺设电力、通信、排水等新式的城市基础设施，以此为首都的市政模范，刷新首都的城市面貌。于是，短时间内在宣南贫穷之地建起了一座“文明之城”。它集购物、餐饮、娱乐为一身，一度成为民国初年北京最时尚、最繁华的区域。1919年7月30日，上海《晶报》描述道：北京香厂一带，电灯照得如同白昼一般，车如流水马如龙，宛然上海风景。

在今香厂路小学处，还建有北京唯一采用上海里弄石库门样式的两栋建筑——华康里和泰安里。泰安里仿上海里弄式住宅，由六栋平面格局和立面造型基本相同的二层楼房组成，六栋建筑通过一条小巷分为两排，巷口朝仁寿路，楼门均朝向小巷，每栋楼均为砖木结构，有独立的内天井，天井上面有罩棚，二层挑出的跑马廊在一层形成走廊，小巷的西端入口之上架空做二楼，东端完全堵死，便于管理。2018年以来，两栋老建筑正按照建筑原貌进行修缮，今后用作天桥演艺区的配套建筑。

1918年，国会议员彭秀康以个人名义出面，和朋友买下先农坛外坛北段的一大片空地，在今北京友谊医院的位置上建起一座综合性的大型游艺场，称城南游艺园。游艺园大门坐南朝北，园内有旱冰场、地球场（保龄球）、弹子房（台球）、京剧场、文明新戏场、电影场、杂耍场、魔术场、木偶戏场等。门票二角，购票后从早到晚可

泰安里内景

任意观看各种游艺。京剧场演员都是坤角，散座前面靠近舞台设有包厢，另收包厢费二元。夏天，广场设露天电影场，游人既可消夏乘凉，又可观看电影。城南游艺园开始只是搭建席棚等临时建筑，而后采取一边经营，一边建设的方式，所以获利颇多。城南游艺园开业后，游人如织，包括专家学者，也跑到南城去一饱眼福。古史辨学派创始人顾颉刚，曾“偕潘家洵到游艺园听李大玉大鼓书。此乃首次听梨花大鼓，感爽快至极。以后又连听两次”。彭秀康还在游艺园西南今北纬饭店东门外，修建一座欧式钟塔，人称四面钟。四面钟楼高十几米，四面皆装有钟表，状似铁锚。意欲用这只铁锚，拴住船形“大世界”的生意，使它无法起航，不能向“钱”（前）开。两年后新世界游艺园发生火灾，从此每况愈下。四面钟离天桥北门牌坊“先农市场”不远，是为城南游艺园的标志性建筑。

不久，在新世界游艺园四层发生游客自杀坠地事件。1921 年，城南游艺园京剧场西侧楼倒塌，青春少女被砸身亡，于是怨声四起。游艺园第二天停业，棺柩停在戏台上，请和尚道士唪经超度七七四十九天。出殡的时候，还要园主彭家顶丧驾灵，自此游艺园伤了元气。随着 1928 年国民政府南迁和“九一八”局势紧张，这两处游艺园相继以停业告终，香厂新市区的开发也就有头无尾地不了了之。

“新市区”虽已消失百年，但无论是从城市建设还是市场开发的角度上，香厂地区的改造与建设仍然不失为北京城市建设历史上一个有着独特价值的标本。时至今日，这里的建筑还隐现着曾经有过的辉煌。

第二辑

殷商巨贾聚前门

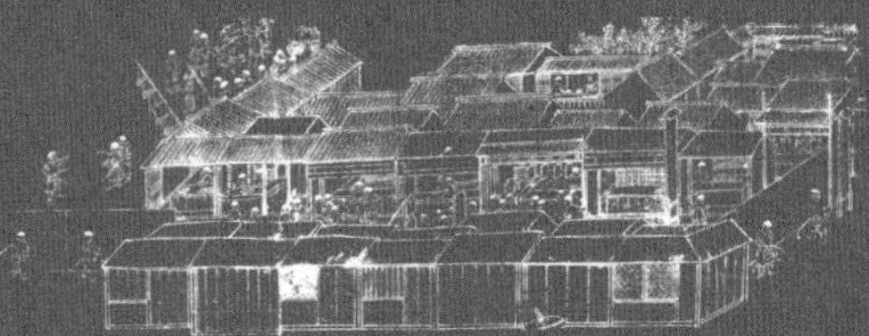

大栅栏　方砚绘

富甲天下的商业街

前门大街是中轴线上最繁华的商业街。明、清至民国时名正阳门大街，俗称前门大街。1965 年正式定名为前门大街。前门地区的繁华，与其重要的地理位置、历史发展和交通运输等各方面的因素有关。明北京城突破了元大都所遵循的“前朝后市”定制，中心商业区由皇城北面的钟鼓楼地区，迁移到皇城南门大明门前棋盘街一带，同时又在前门外建“廊房”招商居货。前门大街东侧有三里河由西北向东南流淌，与大运河相通；西侧廊房与东北—西南走向的李铁拐斜街相连，直达北京最早的都城金中都，形成中轴线上两翼对称的主街，船来人往，非常热闹。凭借与棋盘街中心商业区只有咫尺之遥的地理优势，在前门大街两侧陆续形成鲜鱼市、肉市、布市、草市、珠宝市、粮食市、猪市等许多以专业集市为名的对称胡同，成为京师最著名的商业街。清乾嘉间俞蛟在《梦厂杂著》中亦说：正阳门外“左右

正阳门箭楼

计二三里，皆殷商巨贾，列肆开廛。凡金绮珠玉以及食货，如山积。酒榭歌楼，欢呼酣饮，恒日暮不休，京师之最繁华处也”。

正阳门外搭棚房

与天桥南段中轴线上两坛之间禁民居，以及内城中轴线衬托皇权的紫禁城那种肃穆庄严气氛迥然不同，明清时前门大街这段中轴线具有肃静和鼓励朝前市民间活动的两重性。《京师坊巷志稿》载："正阳门外大街，俗称前门大街，跨护城河有桥，甃以文石，中为驰道。""驰道"专供皇帝出行使用，每当帝王出入正阳门时，官方要采用办法加以屏隔，将仪仗队与百姓们隔开，以显示皇家的威严。在清

《康熙南巡图》画稿上前门大街搭建的棚房

朝宫廷画师王翚等人所绘的《康熙南巡图》上，以写实手法完整地绘制了康熙帝南巡归来经过正阳门的场景。画中的前门大街上临时搭起了木板和幕帐，兵士高举皮鞭禁止周围群众靠近，这幅《康熙南巡图》正画出了前门大街的两重性。

在制度允许的情况下，民间活动在城市空间的选择上，会尽可能地趋于中心地带。元代，这一带属于南城（原金中都城）与北城（元大都新城）之间的城郊关厢。丽正门是大都城的正南门，大道两旁的民居、客栈比其他城门外要稠密得多，商旅活动也比别的地方频繁，为以后前门商业区的繁荣奠定了基础。正如当时生活在大都的马可·波罗所说："城郊也和城内一样繁华，也有城内那样的华丽的住宅和雄伟的大厦，只差没有大汗的皇宫罢了。"

自从中心商业区由钟鼓楼迁移到棋盘街，不少商贩便开始在正阳门周围的城墙边搭建席棚布帐，摆摊卖货。当中轴线延长到外城，则各类活跃的百姓便成为城市中轴线上的主要角色。正阳门是明清中轴线上京师的正门，故前门大街比其他城门外的大街要宽得多。于是商贩在中心地带的前门大街两侧搭建棚房，并不断向南面的天桥方向延伸。可见前门大街这一段中轴线的意义，主要是商业贸易和民间活动的集结场所。明末藏书家高承埏在《鸿一亭笔记》一书中说，正阳门大街道路空阔，不少商贩"侵占官街"，在"正阳门前搭盖棚房，居之为肆，其来久矣"。

明崇祯七年（1634）正月灯节夜，成国公朱纯臣家发生火灾，为此司城官吏开始动手拆毁棚房，对那些侵占官道的商肆进行整治。幸亏侍御金光辰以扰民为由上书谏止，他说京师的穷民本来就没有住房和多少积蓄，全靠棚房里的小买卖以栖身糊口，“其业甚薄，其情可哀。今所司奉行之过”，如果为了防火就把棚房拆掉，那他们岂不是“未罹焚烈之惨而先受离析之苦”。而且他们的房子正在建设当中，并非接栋连楹，“若以火延棚房即毁棚房，则火延内室亦将并毁内室乎”？金光辰所奏内容与皇帝的想法一致，于是“疏入，有旨停止”。

清乾隆四十二年（1777），前门外鲜鱼口一带又发生火灾，烧毁商铺无数。御史玉麟在奏折中称其为骑沟门面房，奏请予以拆毁，清理街道收回还官，被乾隆帝驳回。“旋奉批示，略谓：正阳门至天桥一带，系圣驾祭坛经由之所。从前曾将两边铺房，一律取齐修整。”今“若拘泥玉麟原奏，概令清出还官，则街道参差，转于观瞻有碍。将该处所烧房屋，仍令准其补盖。嗣后自正阳门至天桥一带房舍，遇有毁坏者，亦准其照旧修盖”。批示中提到“从前曾将两边铺房，一律取齐修整”，说明街面上的铺房系经朝廷批准才得以“取齐修整”，如果拆掉，会有碍观瞻。最终在乾隆皇帝的关照下，所有商铺照常修盖。

那名御史言官不当家不知柴米贵，税收是清政府收入的主要来源。仅对九门之外店铺的税收，上等店铺每年交营业税白银 5 两，中等店铺每年白银 2.5 两，下等铺免交。开店的时候，还要缴纳门面税 30 两至 40 两白银。让商户自己出钱，把棚帐改建成上等店铺，既有利于观瞻和市场繁荣，又增加了政府的大笔收入，何乐而不为呢？

官吏拆毁棚房的举动被朝廷喊停，无异于支持了前门商业街棚房的存在，势必打破传统的城市格局，让前门外的商业空间得到拓展。那些赚足了钱的商家干脆拆毁临时搭建的席棚房，在原地建起雕梁画栋的砖木结构的门面房。新建的商铺与原街面之间有一定距离，

里街布巷子胡同

使得前门大街东、西侧房后，各衍生出一条南北向的背街小巷。从天桥到正阳门，前门大街东侧街里自南而北形成西草市、布巷子、肉市，路西街里形成铺陈市、粮食店、珠宝市等南北向衔接的胡同，所以前门大街与其他街面不同，前门外正街店铺的创立时间大都晚于里街的店铺。在里街与街面间还设计有东西向通道，形成中轴线两侧相互对称的胡同，既美观又方便街里街外的行人往来。

到了道光年间，珠宝市、肉市、布巷子等六条背街小巷，已经成为繁华的胡同。杨静亭编著的《都门纪略》一书中写道："京师最尚繁华，市廛铺户，妆饰富甲天下，如大栅栏、珠宝市、西河沿、琉璃厂之银楼缎号，以及茶叶铺、靴铺，皆雕梁画栋、金碧辉煌，令人目迷五色。至肉市、酒楼饭馆，张灯列烛，猜拳行令，夜夜元宵，非他处所可及也。"

旅游到此的朋友，一定要到这几条小巷子里仔细体验一番，这可是由明清两代皇帝亲自下旨批准，从寸土寸金的中轴线上生生"盖"出来的胡同，在北京城里绝无仅有、独此一家。

有钱您买前门楼子

清初实行"满汉分居"政策，规定旗人不得经商，戏院、茶园、妓院只准许开设在城外，客观上再次推进了前门外商业的发展。清末在前门箭楼东、西两侧设立前门火车站东站、西站，前门大街客流量大增，亦增添夜市，"数十纱笼角灯照辉如白日"。使得街面上店铺鳞次栉比，市招繁多，车马嘈杂，人声鼎沸，与鲜鱼口、大栅栏里的众多集市胡同汇成一个繁华无比的大商业区。

前门大街东侧从南往北有老字号亿兆棉织百货商店、九龙斋鲜果店、瑞生祥绸布店、都一处烧麦馆、通三益干果海味店；里街为瓜子店、布巷子、肉市。通三益开设于清嘉庆二十年（1815），总店“三益真”在通州东大街，经营南来的干果海味，后以自制秋梨膏名扬天下。九龙斋开设于道光年间，道光进士方浚颐在其《春明杂忆》中写道：“止渴梅汤冰镇久，驰名无过九条龙”，被誉为“京都第一酸梅汤”。

避瘟散广告

说起亿兆棉织百货商店，不但与前门楼子有关，还跟闻名海内外的长春堂药店有关。清乾隆年间，游方郎中孙振兰在前门外长巷下头条开设了一家小药铺，销售自制闻药，此即长春堂的创始老店。清末民初，传至孙振兰第三代孙崇善经营。孙崇善号三明，是位有家室的火居道人，常住在自己修建的长春观庙，俗称孙老道。孙老道以自创的消暑闻药“避瘟散”“无极丹”著称于世。避瘟散具有祛暑清火的功能，取用少许抹入鼻腔，清凉感直通心脑，受到社会各阶层的喜爱，让日本的祛暑药“仁丹”黯然失色。老北京有句顺口溜：“暑热天，您别慌，快买暑药长春堂。抹进鼻孔通肺腑，消暑去火保安康。”孙老道去世后由他的内侄张子余接手长春堂，张子余善于经营，在前门开设亿兆棉织百货商店等八家商店，被北京商界称为四大巨子之一。坊间相传，民国初年，军阀混战，有位大帅听说北京城有个亿兆棉织百货商店，便找来张子余，非要让他拿钱把前门楼子买下来。这位大帅振振有词地说："一万万是一亿，一万亿是一兆，你们叫亿兆，有的是钱，就把前门楼子买下来给我们当军饷吧。"这不是明摆着敲竹杠嘛，最后张子余只能花巨资了事。从此北京人又多了一句俏皮话：有钱您买前门楼子啊。

在前门大街的店铺中，数都一处烧麦馆入驻的时间最早，资格最老。都一处建于清乾隆三年（1738），以烧卖、炸三角、马莲肉著称。清乾隆十七年（1752）大年三十晚上，乾隆帝从通州微服私访回京，途经前门时感到又饥又累，但沿街看过去所有店铺大都上板封灶，找来找去只有这家酒铺亮灯营业，店家一看有人来，马上弯腰施礼："老爷子您大驾光临，委屈您进来喝两盅吧！"乾隆见店家又和气又有礼貌，便找桌落座。由于招待周到，酒味浓香，小菜可口，便问店家此店叫什么名字，店主回答："小店没有名号。"乾隆听后说："此时京城开门者只你一家，就叫都一处吧！"乾隆回宫以后亲笔题写"都一处"店名，派人制成虎头匾送过来。店老板惊喜万分，当即把匾高悬店堂正中。又按规矩把乾隆坐过的椅子用黄绸布盖严，说这是"龙座"，把它供奉起来。还把乾隆从店里到"龙座"走过的地方保护好，从此不再打扫，土路因此年年长高，说这条路下边藏着一条"土龙"御道。从此都一处红遍京城，许多人慕名而来，除了一睹御笔匾额和"龙椅"风采，还能在推杯换盏的时候“指点犹龙土一堆”。

前门大街北头的大北照相馆，始建于 1921 年，原址在珠市口西石头胡同，以拍摄京剧戏装照著称。创始人赵雁臣精明强干，照相馆内准备的各式行头，中西式男、女结婚礼服，学生穿的博士服，各式西装和中式长袍、马褂等，在行业中独树一帜。1957 年，迁至前门外新址。

里街的瓜子店胡同，因巷内多批发炒瓜子、花生等炒货为主的小店而得名，清人竹枝词称 :“偶从瓜子店中过，忽闻招呼买甚么。”20 世纪 20 年代初，瓜子店胡同开有全顺成、田源厚、义盛成等批发洋广杂货商店，非常有名。布巷子胡同，过去这里多集中卖土布的摊贩，鼎盛时有大小几十家布店，称布市。至今在胡同的老建筑上，还能隐约看到“布庄”“益记布庄”“零整批发”等字样。“八大祥”之一的瑞蚨祥开设之前，经理孟觐侯就在布巷子租房设庄，批发山东土布。随着 20 世纪 30 年代出现西洋布，土布市场才走向衰亡。

东侧最北的里街叫肉市，因旧时肉铺多得名。胡同内有碎葫芦酒店、全聚德烤鸭店、正阳楼饭庄。肉市路东有北京最早的戏园广和楼，即今广和剧场。《宸垣识略》载：“查楼在肉市，明巨室查氏所建戏楼，本朝为广和戏园。”“巷口小木坊，书查楼字，乾隆庚子毁于火，今重建。”康熙帝曾来此看戏，并赐台联：“日月灯，江海油，风雷鼓板，天地间一番戏场；尧舜旦，文武末，莽操丑净，古今来许多角色。”民国初京剧科班喜连成 (后改为富连成) 经常在此演出，名演员雷喜福、马连良、谭富英、裘盛戎等都受业于班内。

如果我们稍加留意，会看到正阳门前的五牌楼共有五个门洞，但两侧门洞却都被肉市和对面珠宝市的房屋所遮盖。这正是先建五牌

著名京剧演员马连良演出《四郎探母》剧照

正阳门前五牌楼

楼，后被前门大街的棚房遮挡，使街道变窄的明证。在北京中轴线上的这一奇观，特别值得游人赏鉴。

北京最早的金融街

前门大街西侧，从南往北有盛锡福帽店、壹条龙羊肉馆、庆林春茶叶店、月盛斋酱肉铺等老字号。房后有里街，曰粮食店、珠宝市。壹条龙创业于清乾隆五十年（1785），店名南恒顺，原在东四牌楼南面，后来在前门大街路西建起一间门脸的筒子房。店门开在前门大街，后门在粮食店，是由棚户改建为砖瓦建筑的典型式样。当时皇家为防范刺客，规定不准在前门大街造明面楼房，只好在房上盖了间暗楼。南恒顺沿用铜质炭火锅，以选肉精、加工细、佐料全、主食香四大特点，被称作京城“正宗”涮羊肉。

相传清光绪二十三年（1897）春末，一位二十多岁的年轻人带了个仆人来用餐，吃完饭说忘带钱了。时为南恒顺第五辈的掌柜和气地答道：没事的，您什么时候方便，给带来就行了。第二天，一个宫内小太监真把钱送过来，大家才知道昨天来的是光绪帝。掌柜赶紧把光绪坐过的椅子当作“宝座”供奉起来。真龙天子到南恒顺吃饭的消息不胫而走，好事者纷纷到店里争看“宝座”，从此南恒顺的顾客门庭若市，被称“壹条龙”。但在封建社会称自己“壹条龙”怕犯上，所以直到辛亥革命推翻了清朝的统治，才请原任清朝工部正七品笔帖式(秘书)杨铎声题写了“壹条龙”牌匾挂在门头。

里街，南为粮食店。因曾为粮食交易市场，清时称粮食夹道，后改称粮食店。街南73号至77号为清末老客栈“通新客栈”，据说原来是镖局，距今已有百年。

路西有条被誉为“北京最早金融街”的施家胡同。施家胡同东西走向，长二百七十九米，宽三米。明代称施家胡同，因施姓巨商在胡同北开设银号并居此而得名。从清代中期起，这里逐渐发展成为以银钱和旅店业为主的商业街。清末民初，与西河沿、钱市胡同并列为北京最集中的金融区，胡同内会聚有众多私家银号和江浙、山西、山东、

施家胡同

潮州等地巨商。施家胡同 4 号三义镖局旧址，始建于清同治年间，现为旅馆，至今建筑格局未变。6 号清安徽青阳同乡试馆；8 号谦生银号、泉通银行旧址；9 号同元祥银号和积生银行旧址；10 号义生银号旧址；11 号裕兴中银号旧址；12 号复丰银号、谦兴钱庄旧址；15 号福生银号旧址；17 号启明银号旧址；21 号三聚源银号旧址；22 号集成银号旧址，早先是一座西式小楼，因为楼高，它在胡同里显得鹤立鸡群；24号宝丰盛银号旧址；26号余大亨银号旧址；28号广瑞银号旧址；30号广德会馆旧址，明末安徽广德同乡试馆。1914年后，相继开设浙江兴业银行北京分行、东陆银行北京分行、华北银行、华孚银行北京分行等，1949年前均关闭。施家胡同就似一幅清末民初的风俗画，有中国传统的四合院，也有日、欧式的尖顶小楼。有兴趣的游客可逐一院落细细查找，还能隐约看出各样旧时的店堂、门脸、门雕装饰。

粮食店街北口路西是中和戏园，始建于清道光年间，旧称“中和园”。著名京剧演员梅兰芳、马连良、程砚秋、尚小云、筱翠花等常在此演出。中和戏园北邻著名的六必居酱菜园，始建于明朝嘉靖九年（1530）。“开门七件事”柴、米、油、盐、酱、醋、茶，该店除茶叶不经营外，另六样生活必需品都卖，故名“六必居”。它所经营的甜酱黑菜、甜酱八宝菜等为北京人居家饮膳必备之物。据说，六必居的酱菜曾供奉宫廷御用，为让店家入宫便利，慈禧太后还专门发给他们黄马褂和腰牌。一些书法家研究认为，六必居的匾额确是严嵩的手笔；也有人说，这只是六必居老板的宣传手段。

三里河“水穿街巷”

前门大街东侧，有条鼎鼎大名的三里河，历史上便是南北水运和城市排水的必经之地。明正统四年（1439），为排泄内城南濠积水开凿减水河，因濠口距东便门外大通桥三里而得名。三里河自前门桥东向东南流，经西打磨厂、长巷头条西、鲜鱼口、芦草园、北桥湾、南桥湾、金鱼池，再东南出左安门，流入通州大运河。以后三里河水日益淤塞，民居依河道而建，许多会馆、客栈、戏楼聚集于此，形成弯曲的三里河、羊坊草厂、芦苇园、薛家湾、水道子、河泊厂、缆杆市、南河漕等众多以河为名的斜向胡同，成为前门大街东侧胡同的一大特色。

2016 年，政府启动三里河水系绿化项目，胡同再现水穿街巷景色。游客步行其间，一条小河蜿蜒向东南缓缓流淌，古香古色的胡同和原汁原味的居民四合院、长春堂药铺、亭榭、会馆、戏楼沿着

三里河水穿街巷

河道伸展坐落，小桥流水，鸟语花香，呈现出一片美丽的水乡风光。岸边的青铜色名牌上，记载着有关三里河的历史文化，寄托着记忆和乡愁，让三里河成了闻名遐迩的“最北京”体验地、生活区和拍照地。

薛家湾“钱氏宗祠”

珠市口东侧有略向东北的斜街，明代时因在猪市之东，称“猪市口东”，后由谐音得名东珠市口。清乾隆年间名小市街，向东过三里河桥转向东南，称三里河街，在蒜市口与崇文门外大街相交，现在统称珠市口东大街。三里河桥是座东西向的汉白玉石桥，建在小市街与三里河街交界的河湾处，河水由北向南经桥下流向金鱼池。从明到清中期，三里河的河面很宽，流水不断，可以跑船。清末河水干涸，百姓建房居住，商人建肆经营，三里河桥被埋在地下，在桥南北形成南桥湾和北桥湾两条胡同。今珠市口东大街 217 号铁山寺，是旧三里河的重要标志。铁山寺位于原三里河桥西，明正德十年（1515）僧人宗洪募化修建，宗洪的法号叫铁山，故名铁山寺，庙内尚存明代重修三里河桥石碑。

北桥湾是一条南北向稍有些弯度的商业老街，北口和草厂六条南口相连，往东与薛家湾西口三角地拐弯处连接，往西是北芦草园胡同。这条街不长，住户与商店交错，最宽的地方虽不过四米左右，却是北面薛家湾、草厂等胡同通往珠市口东大街的必经之路。

薛家湾胡同，明代已成街巷，因胡同中住薛姓大户而得名。胡同由东向西偏斜，地势由高而低，随坡就弯。胡同两边的住宅都高出地面许多，多高门大院，有的台阶竟达八九层。39 号院为五代初吴越王钱镠家庙，门额上镶嵌汉白玉石匾，上雕“钱氏宗祠”四个黑体大字。门联上刻“武肃勋名远，彭城世泽长”，横批“铁券家声”。钱镠一生拥护国家统一，教育后代“子子孙孙要善事中国，勿以易姓废事大之理”，被唐昭宗封为武肃王，并赐免死牌“金书铁券”。到了清代，雍正帝还特封钱氏为“诚应吴越武肃王”，并特命有司会同在京的钱氏后人为其建祠立碑，这在历史上也是少有的。现钱氏后代仍居此，可见北京胡同历史文化的久远深邃。

从薛家湾胡同往北、往西，就是芦草园。芦草园是总称，分北、中、南三段，此三段胡同以南北方向依次排列，依附在草厂三条西侧。明代称芦苇园，因湿地内多芦苇而名。《京师坊巷志稿》载：“正

芦草园

阳门东偏，有古三里河一道。”“芦草园即坊巷胡同集之芦苇园也，盖前明积草之地，故其北草厂诸胡同皆以是名。”元建大都城时，用土夯“版筑”城墙，下宽上窄，元大都城是座土城，便产生了如何防止雨水冲刷城土的问题，后来采纳千户（官名）王庆瑞的建议，“以苇排编，自下彻上”。就是用苇帘子自下往上覆盖土城，像人穿蓑衣一样，简称苇城或蓑城。《析津志》载：每年都要“收苇以蓑城”，达“百万”(担)之多。明代改称芦草园，这一带仍是城防物资储备积存地。芦草园东北，明代有东北至西南向的草厂头条至十条胡同，历史上沿河而建，胡同弯曲，为当年积草场地。清时羊坊草厂胡同称草厂胡同，后沿用。草厂头条胡同南端东折，出口在草厂二条内，全长约220米，宽4.5米左右。草厂头条东有9条由北向南、后转向西南的平行胡同，呈鱼骨状排列而成，称草厂二条至草厂十条胡同，另有东西向的草厂横胡同。

线市衰弱鲜鱼兴

鲜鱼口，东西走向。明代已成巷，因鲜鱼市而名，历史上曾有“先有鲜鱼口，后有大栅栏”之说。鲜鱼口从前门大街直到东口崇文门大街，传说“门到门，三华里”，巷内聚集着著名的老字号商铺、餐饮、茶楼、戏院，是北京民俗市井商业的代表，与前门大街共同构建了老北京南城的标志性传统商业街区。2004年，被市政府公布为25片历史文化重点保护区之一。

传说过去鲜鱼口里曾有不少卖针线的小摊，又称线市口。有一天早晨，有位年过花甲的白胡子老人从这里买了一尾活鲤鱼，回家后他将鲤鱼放入水缸，看到这条鲤鱼全身通红透亮，便生恻隐之心养起鲤鱼。谁知第二天缸里的鲤鱼不见了，变成了半缸金银元宝。老人喜出望外，为了感恩答谢这条鲤鱼，他每天拿钱到鲜鱼口买鱼放生。当地流传“线市衰弱鲜鱼兴，老者救鱼回龙宫。水族何有团圆日，金银到手鱼放生”。从此鲜鱼口的名声越来越大，没人再叫线市口了。

鲜鱼口与孝顺胡同相交处的东侧，原有一条东北向的小胡同直抵长巷头条，明至中华人民共和国成立前称小桥儿，因有横跨三里河的东西向小桥而名。清《京师坊巷志稿》记：“鲜鱼口有帽市，迤东有小桥。北小胡同井一。迤西抵大街，有鱼市。”三里河从小桥下经北桥湾胡同，流入芦苇园。清光绪年间，河道已成平地，桥也不存。20 世纪 60 年代，小桥儿胡同并入鲜鱼口街。清末，京奉火车站、京汉火车站建在前门东西两侧，这里成了全国交通枢纽。因各地旅京人士必先到前门，鲜鱼口一带的旅馆、银号、饭馆、酒楼也迅速发展起来。小江胡同和长巷一至四条，即是客店聚集之地。

鲜鱼口内，百年以上历史的老字号并不鲜见，小桥儿东侧，由东向西有天乐园戏院、正明斋饽饽铺和长春堂药店；向西路北依次是天兴居炒肝店、兴华园浴池、便宜坊烤鸭店、天成斋鞋店，路南依次是联友照相馆、黑猴百货店和马聚源帽店。旧京时，鲜鱼口非常热闹，最多时曾有过九家帽店、十一户鞋店，成为北京城最大的鞋帽零售中心。黑猴百货店的店主杨小泉以制帽为生，因杨小泉养了只黑色的小猴，日久天长黑猴反倒成了有口皆碑的店名。那只黑猴年老去世，帽店的主人请人用木头雕刻了一只木猴，涂上黑漆，摆在店门口，成为北京有名的老字号。正明斋饽饽铺，京城内专门经营糕点的著名字号。创办人孙学仁，曾在肉市街上摆过酒摊，清同治三年（1864）开业于煤市街。1922年，鲜鱼口设正明斋文记。正明斋经营品种全，一年四季都有应节的商品，还负责提供居民办喜庆、祭祖祭佛需要的各种糕点。民国以后，袁世凯等大官僚、大军阀在京期间，也多次到正明斋订购糕点。

清代规定，在内城禁止开设戏园，所以南城前门外就成为发展戏园的集中地带。据《北京梨园金石文字录》，清乾隆五十年（1785）

鲜鱼口

在梨园碑文中记有北京的戏园共八家，而到了嘉庆二十一年（1816），即三十年后则增至二十一家，扩大近三倍。《都门纪略》记有19世纪北京最大的九家戏园，这些大戏园都集中在前门外一带，其中就有鲜鱼口的天乐园。1920年，天乐园易主，更名为华乐戏院。中华人民共和国成立后更名为大众剧场。天乐园从唱落子、耍杂耍的小馆起家，逐步发展成有田际云、梅兰芳、程砚秋、马连良等京剧艺术名家长期驻场演出的大戏院，是中国戏曲文化的一块活化石。1986年，大众剧场关闭，变为歌舞厅、台球厅，最后成为仓库。现东城区在原址重修天乐园，按照20世纪二三十年代的建筑风格，恢复了老戏楼的风貌。

天兴居炒肝店由清同治年间的会仙居与1930年开办的天兴居合并而成，以制作风味小吃炒肝闻名。天兴居紧邻兴华园，在兴华园洗完澡到天兴居吃炒肝，是老北京的一大乐趣。传说有一年夏天，有位客人来到天兴居，吃过炒肝伏桌便睡，突然天降暴雨，暴雨过后该人踪影皆无。人们传说，仙人猪八戒听闻天兴居炒肝好专门来访，遂有民谣："谚语流传猪八戒，一声过市炒肝香。"天兴居更是享誉北京城。

打磨厂闹中取静

长巷头、二、三、四条横跨鲜鱼口东部，清乾隆年间以鲜鱼口为界，北边四条称上头、二、三、四条，南边四条称下头、二、三、四条，长巷五条为昔日高庙胡同。从鲜鱼口东面出来，在潺潺流水的河西岸，有座古色古香的门面房，那就是曾被逼迫买前门楼子的长春

长春堂药铺

堂药铺，到此不可不留影存照。

长巷头条西为孝顺胡同，又称晓顺胡同，明称孝顺碑胡同，是在三里河旧道上建起的老胡同。三里河的主干道，从前门东南经西打磨厂西口，北孝顺胡同和长巷头条斜向东南，巷内有多处旅馆，过去有水流向鲜鱼口。清时以鲜鱼口为界分成南、北孝顺胡同。据传明代时，胡同里有刘姓老人，因子孙孝顺，竟活了一百零八岁，被称为"老寿星"。为此有人在胡同里竖起一块汉白玉石碑，上书"孝顺大德"四个大字，以褒扬尊老重孝之人，时称"孝顺碑"。《京师坊巷志稿》载，杨升庵生于京师孝顺胡同。杨升庵，即杨慎，字用修，号升庵。明代三才子之首，著名文学家，记诵之博，著述之富，推杨慎为第一。正德六年（1511）状元，官翰林院修撰，参与编修《武宗实录》。其著作达四百余种，后人辑为《升庵集》。明嘉靖三年（1524），因“大礼议”受廷杖，谪戍于云南永昌卫。明嘉靖三十八年（1559），卒于戍所，年七十二。杨慎在《丹铅总录》里还对胡同两字进行了论证，明确说明胡同是小巷。“今之巷道，名为胡洞，字书不载，或作衚衕，又作衙衕，皆无据也。”杨慎说得很清楚，胡洞不存在衚衕、衙衕等写法。

北孝顺胡同有两个北口，一个叫罗圈胡同，一个叫戥子市，呈裤裆形通向西打磨厂。罗圈胡同以前做罗圈的小铺子很多，戥子市有十几家专门做称金银或药品的小秤的作坊，在清末非常有名。1929年翻印的《编制街村图说》里记载：“北孝顺，南北向，幅宽长，土路街，尚属清洁，商业以工业居多，系中等铺户。”“罗圈胡同，南北向，幅狭短，土路，亦属清洁，以工业为多，系中等铺户。”“戥子市，东西斜向，巷幅狭短，土路，通行大车，欠整洁，系中等铺户。”戥子市所制的戥子做工精细、计量准确，为药店、金银首饰店必备，故此巷虽小，却闻名全国。

打磨厂西起前门大街，东至崇文门外大街。明初，来自房山县的一些石工，从家乡运来石料，在打磨厂西口一带打磨出售，所打制石磨和开制磨刀石的生意很兴隆，形成了大小作坊和打制铁器的打磨厂，遂成街名。有玉皇庙、关帝庙、铁柱宫、萧公堂等。铁柱宫本名灵佑宫，祀许旌阳真人；萧公堂祀鄱阳湖神，均江西公所。有粤东、潮郡、临汾、宁浦、应山、钟祥诸会馆。临汾会馆在西打磨厂105

西打磨厂与小桥流水连成一线

号，是山西临汾旅京的纸张、颜料、干果、烟行、杂货五行商人在京建立的商业会馆。

清代，巷内有与瑞蚨祥齐名的“八大祥”之一的瑞生祥，北京八大饭庄之一的福兴楼，号称京城“五大堂”之一的老饭庄福寿堂，三山斋眼镜店，大德通票号，瑞华染料行，万昌锡铺，等等。戥子市以东，有天福店等多处旅馆和安寓客商老店。民国时将打磨厂分为两段，改东段为东打磨厂，西段为西打磨厂。西打磨厂与西河沿、鲜鱼口、大栅栏并称为“前门外四大商业街”。东打磨厂开办了很多书局、年画、折扇等店铺，著名的有老二酉堂、宝文堂、文成堂、泰山堂和学古堂等书局，逐渐地发展成北京的文化街。

随着三里河水系公园落成，西打磨厂与小桥流水连成一线。走在西打磨厂，会看到刻着“靛青颜料”的老颜料铺，已成为北京会馆文化陈列馆的临汾会馆，承办清御药房用药的同仁堂乐家老宅。每一处有年代感的建筑经过修缮后，都挂上了牌子，用图片和文字，诉说着它们的前世今生，令喧嚣不已的前门闹市有了静谧的指引。

大栅栏“繁华似锦”

大栅栏是南中轴线的一个重要组成部分。明永乐初年，朝廷先后在北京皇城四门以及钟楼、鼓楼、前门外等地建筑民房和店房，用于安置招收迁移入京的移民和“招商居货”，这些招商居货的民房和店房称为“廊房”。《京师五城坊巷胡同集》记有东西向平行的廊房头条、廊房二条、廊房三条和廊房四条，已经是商贾云集的繁华商业街。明弘治元年（1488），为治理京师社会治安，指令居民出资在胡同口设置木质栅栏。廊房四条的栅栏由商贾出资，所建栅栏很大，称大栅栏。写于明末清初的《春明梦余录》一书中已记有“大栅栏”，成为前门地区最著名、最具特色的商业街，现也泛指大栅栏及廊房头条、粮食店街、煤市街在内的一个地片。

瑞蚨祥货真价实

大栅栏作为北京的商业中心确立于明代，每天到此进行交易活动的商人和购物的百姓络绎不绝，很多商家都希望在这里取得立足之地。经过长期发展，街内店铺比邻相连，聚集了一大批全市最著名的商业老字号，如同仁堂药店、瑞蚨祥绸布店、内联升鞋店、张一元茶庄、马聚源帽店、长和厚绒线铺、天心蕙斋鼻烟店等等。清末编纂的《都门纪略》中还收有东兆魁夹皮领子店、永昌号估衣店、天成号丝线带店、云香阁桂花油店、谦益洋行、聚元斋饭馆等。老北京流传的顺口溜“头顶马聚源，身穿瑞蚨祥，脚踩内联升，腰缠四大恒”，除四大恒在东四外，其余各家都在大栅栏街上。

提起同仁堂，北京人没有不知道的。同仁堂乐氏家族祖籍浙江宁波，北京乐氏宗族第一世名叫乐良才，系走街串巷行医卖药的铃医，于明成祖迁都之际来京。传至北京乐氏第四世乐显扬，清廷“诰封登仕郎太医院吏目，晋封文林郎，赠中宪大夫”，乐家开始发迹。清康熙四十年（1701）乐显扬之子乐凤鸣恪守父训，取“同修仁德”之意，在大栅栏路南开设同仁堂药铺。乐凤鸣总结了前人的制药经验，在宫廷秘方、民间验方、祖传配方基础上完成了《乐氏世代祖传丸散膏丹下料配方》一书，该书序言明确提出“炮制虽繁必不敢省人工，品味虽贵必不敢减物力”的训条，成为历代同仁堂人的制药原则，为同仁堂制作药品建立起严格的选方、用药、配比及工艺规范。清雍正元年（1723），同仁堂正式成为清宫御药房供奉，历经八代皇帝，长达一百八十八年，造就了同仁堂人在制药过程中，兢兢小心和精益求精的严细精神。同治时的《都门纂》和光绪时的《朝市丛载》，均对同仁堂制售的平安丸、虎骨酒等有撰载，称之为一二百年老铺，货真价实。

前门外有显赫京城的“八大祥”，“八大祥”指大栅栏的瑞蚨祥、祥义号、广盛祥，廊房头条的谦祥益，珠宝市的益和祥，打磨厂里的瑞生祥，前门大街的瑞增祥和瑞林祥，是八家带“祥”字的绸布店。查一查这八家绸布店的历史，居然都来自同一个集团军，均为山东省济南府章丘县旧军镇孟氏家族所开办。瑞蚨祥是引领京城时尚的第

大栅栏旧景

一大布店，相声《卖布头》里说它“楼上楼下，电灯电话”。清光绪十九年（1893），孟洛川子承父业，出资八万两银，在大栅栏开设瑞蚨祥绸布店。瑞蚨祥前后两个字取意瑞气和吉祥，中间的蚨字是传说中的“青蚨”，意为货币。瑞蚨祥在经营中“言不二价”，强调“货真价实，童叟无欺”；销售时“商品齐全”，讲究“专精周到，谦和恭谨”。顾客到来，有年纪较大的店员笑脸相迎，拉门、让座、看茶，无论贫富贵贱，一视同仁。很快，在大栅栏西口内，又开设了瑞蚨祥东鸿记绸布店和皮货店二号；在大栅栏东口和西门，分别开设东鸿记茶店和西鸿记茶店；还在天津、上海、济南、青岛、烟台等地，分设了几家绸布店。

伴随大栅栏商业活动的繁荣，各类文艺活动也日渐兴旺起来，从而又促进了大栅栏商业活动的发展。清代除了皇宫和部分王府设有戏台可以进行演出，政府多次明令禁止在内城修建演出戏台从事演艺活动。大栅栏位于宫城正前方，这里的演出活动不仅可以吸引广大的外城观众，同时也方便住在内城的权贵到前门外购物听戏，满足他们休闲娱乐的需要。从清代起，大栅栏的演出场地大量增加，演艺活动尤其是戏曲演出，获得了很大发展，成为北京人观看演出的主要场所。大栅栏东部路南，建于乾隆年间的有三庆戏园、路北的庆乐戏园今名庆乐戏院；建于嘉庆年间的，有今瑞蚨祥绸布店所在地的庆和戏院，今前门小剧场的广和楼戏园。清光绪三十三年（1907）十二月，在大栅栏西口路南创建大观楼电影院，这是北京开办的第一家电影院。除放映电影外，民国时期曾一度加演曲艺杂耍等节目。同乐电影院在路北门框胡同内，建于清宣统元年（1909），最初为戏园，名同乐轩茶楼。1932年3月，同乐轩茶楼改为电影院，成为北京较早的电影院之一。大栅栏的剧场，白天晚上都有演出，所以到了晚上也非常热闹。

门框胡同加工玉器

明清两代，北京许多官胄世家多以搜求珍宝为贵。一些富户因官场变幻，或家道中落，所藏珍玩又复流入市场，外地不少珍宝文物也往往到京求售，使北京成为最大的文物和珍宝玉器的集散地。大栅栏北面的廊房三条、廊房二条东通南北向珠宝市，分布有许多珠宝玉器店，尤以玉器店为多，被称为“玉器街”。廊房三条内有同义斋、全兴盛、瑞珍斋、景华斋、万兴涌、恒盛斋等十多家玉器铺。廊房二条有三盛兴、恒盛兴、聚丰厚、聚源楼、永宝斋、万义等二十多家玉器铺。过去廊房头条被称“灯街”,《旧京琐记》记:“灯市旧集于东、西四牌楼，后始移廊房头条。”有华美斋、文盛斋、秀珍斋等二十来家灯笼铺，永顺楼珠宝店，等等。大栅栏西部路北有一条不宽的门框胡同，经营玉器行相关的加工行当，里面有玉器市。珠宝市周围成为前门外一个重要的珠宝玉器交易场所。

门框胡同南起大栅栏，北至廊房头条，也就短短一百余米，宽约三米，由南而北穿过廊房三条、二条，经头条内曲折小巷可达西河沿。早年，大栅栏的商人为感恩财神爷的照应，集资在门框胡同里建了座过街的财神佛楼，先用两块石板靠立在东西墙处，上面横搭几块厚石板将佛楼架起，俗称“过街楼”。行人从

门框胡同“一线天”

南北两边看，过街楼下就像个石砌的“门框”，后称门框胡同，一直沿用至今。门框胡同虽然窄小，但人来人往非常热闹。过去有谚语提到京城的繁华之处：“东四西单鼓楼前，王府井前门大栅栏，还有那小小门框胡同一线天。”街里有北京老戏园同乐轩，后改同乐电影院，每到散场的时候，观众都从门框胡同出来，简直拥挤不堪。

到了民国年间，门框胡同汇聚了不少著名的小吃摊，成为闻名于世的小吃一条街。北京的小吃是北京文化的典型代表，举凡关于北京的回忆录或文学作品，几乎没有不提到北京小吃的，可见北京小吃的文化魅力和文化内涵的深厚。仅从小吃的称谓看，就是一种特殊的“商标”，如“小肠陈”“爆肚冯”等，上口易记，还起到一定的广告作用。这种字号突出了制作者和经营者的姓氏，也表达出摊档或小店铺对商品及服务在信用上的承诺。门框胡同从南到北依次有复顺斋酱牛肉，年糕王，豌豆黄宛，油酥火烧刘，馅饼陆，爆肚杨，卖年糕、炒饼、汤圆的厨子杨，年糕杨，豆腐脑白，爆肚冯，奶酪魏，康家老豆腐，炒火烧沙，包子杨，同义馆涮羊肉，瑞宾楼（原名祥瑞）褡裢火烧，德兴斋的烧羊肉白汤杂碎和俊王爷烧饼，等等。这些贩卖小吃的小摊、饭铺虽然门脸不大，但几乎每家都有悠久的历史和丰富的传说。不仅游客要到此品尝歇脚，那些散了戏的演员，包括金少山、尚小云、裘盛戎等名角，均是这里的忠实顾客。

廊房头条代办捐官

珠宝市是前门大街的西侧里街，多殷商巨贾，拥有众多经营珠宝、玉器和首饰的店铺，不仅是京城最大的珠宝玉石交易市场，银钱业也很发达，有义昌源银号、三益兴银号、万聚银号、天兴号金珠店、天和号银钱店等二十多家店铺。最有名的，当数珠宝市路西的钱市胡同。

钱市胡同东西走向，是一条长 40 米、宽 1.5 米的死胡同。胡同的最窄处仅 40 厘米，成为北京最窄的胡同。清代，钱市胡同是“炉行”最集中的地段。“炉行”即官府批准熔铸银锭的作坊，可将大块银两剪成碎银，或用坩埚熔化散碎银两铸成大小元宝。最早官方批准这里有“大通银号”“万丰银号”等 18 家炉房，俗称“十八案”。历史上，我国使用银锭和制钱作为现金支付工具。制钱以文为单位，法定一千文为一串，合银一两。但在实际流通中，银钱比价会时有波动。为此北京全城的钱庄、粮栈及各行各业较大的商号，每天早晨都要到钱市参加交易将银两换成制钱，或将制钱换成银两，钱市就成了当时重要

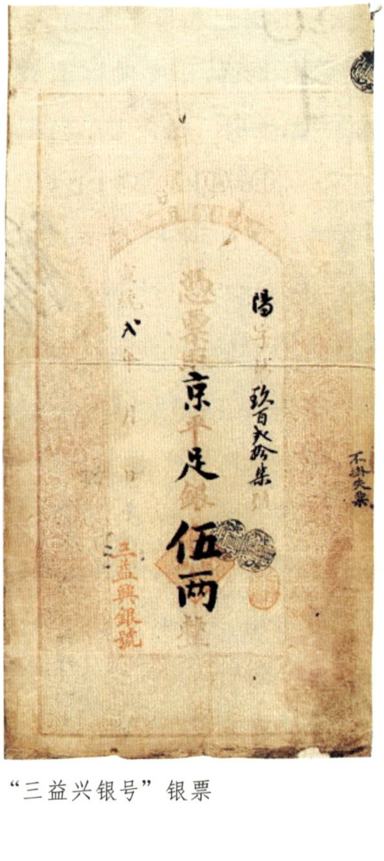

“三益兴银号”银票

的金融市场。民国以后，炉行失去了政府授予的特许经营权，加之币制改革，对贵重金属熔铸的市场需求萎缩，致使钱市和炉行业萧条，才改建成银号铺房，称钱市胡同。以后胡同两侧的银号不断向外扩建，侵占公共通道，遂成北京最窄的胡同。目前钱市胡同内共有 10 户门牌：1 号，典型中式店铺，共 2 层；2 号，原炉房冶炼银锭处；3 号，门上石匾“大通银号”，共 3 层，西洋柱饰；4 号，原炉房冶炼银锭处；5 号，两层楼中式建筑；6 号，砖门楼；7 号，清末“十八案”炉房和钱市交易大厅旧址；8 号，大门有排铺板；9 号，中式铺面房；10 号，中式铺面房。这是中国现存最早，也是最完整的金融交易市场。

从清代的中后期至民国时期，大栅栏一带一直是北京的主要金融市场，除施家胡同、前门大街外，廊房三条至头条、珠宝市、西河沿等地是金融机构最为集中的地方。廊房头条，东西走向，清同治七年（1868），大同金店在胡同内开业，几乎垄断清末和民国的北京黄金市场。金店还是一种信用机构，表面上金店经营首饰器皿、金银买卖，其实它的主要业务是兑换实物，出具银票，代替现银。清代实行捐官制度，金店往往代办捐官事宜。捐官者多为豪绅富贾，有的人捐官并不为做官，只是以此装饰门面或夸耀乡里而已。今廊房头条 15 号宝恒祥金店旧址，该店开业于清光绪二十三年（1897），初在西河沿，1912 年迁至廊房头条，在其西面女儿墙上还留有“宝恒祥金店”字样。

廊房头条 17 号劝业场，其北门在西河沿。清光绪三十二年（1906），农工商部征用原会元堂旧址，设立京师劝工陈列所。其名

钱市胡同

意为“劝人勉力，振兴实业，提倡国货”，主营商业百货，私人可在此租地设摊，但只许卖国货，禁止卖洋货。原建筑外观四层，内部实为三层，另有地下一层，钢筋混凝土砖混结构加钢屋架，采用古希腊的爱奥尼柱、花瓶栏杆阳台、圆拱形山花等西洋古典装饰，在当时属于最先进的建筑技术，内部装修极为豪华。是为北京第一家带厢式电梯的游乐场的大楼，被誉为“京城商业第一楼”，也是北京中轴线上的“点睛”之地。

西河沿在廊房头条北，东西走向，以市场多、金融单位多、饮食服务业多等“三多”著称。清代，西河沿是北京的两大肉市和菜场之一，街东端有鱼市、华北楼饭庄。街上有广裕号钱铺、三益和记金银店、仁昌金店、同城银号、华侨实业银行等十多家金融机构。清末至民国时期，在西河沿开设交通银行、盐业银行和中国垦业银行。廊房头条有新华信托储蓄银行，珠宝市有华冲银行与直隶省分银行。交通银行在西河沿街 9 号，清光绪三十二年（1906）开业，占地近一千平方米，房屋建筑由著名建筑家杨廷宝设计，是一座融汇中外风格的楼房建筑。盐业银行位于西河沿街 7 号，成立于 1915 年 3 月，占地面积八百平方米，整个建筑造型构图严谨，风格端庄。现均为北京市文物保护单位。

龙脉斜街通两城

从大栅栏向西南行，经五道庙到虎坊桥，有樱桃斜街、杨梅竹斜街、棕树斜街、铁树斜街等一系列东北—西南向斜街，为元明内城到金中都旧城的交通要道。明代兵部尚书王象乾称其为“龙脉交通车马辐辏之地”，其实这些街巷胡同全是由人行和车马轧踏出来的。

铁树斜街走捷径

历史上，前门大街能成为北京最繁华的商业街，其中金中都城和元大都新城的建立，起了决定性作用。

北京是一座具有三千年历史的文化名城，最早的燕都蓟城，位于今北京市区的西南隅广安门一带。辽代升为陪都，称南京，又名燕京。金贞元元年（1153），海陵王迁都燕京，遂改名中都。“役民

铁树斜街

八十万，兵夫四十万”，在辽南京城的基础上，向东、西、南三面扩展，增广燕城。其东南角在今永定门外四路通，由此往北，经今潘家河沿、魏染胡同东、大沟沿胡同至东北角翠花湾。东城墙门，北为施仁，在今虎坊桥西，骡马市大街的魏染胡同南口与梁家园之间。今广安门大街至骡马市大街，是中都城北最繁华最热闹的商业集市地区，城内外贸易几乎都集中在这里。从此，北京成为王朝的帝都，并一直延续到元、明、清三代。

六十年后，蒙古骑兵攻占金中都，除豪华的皇宫被焚烧殆尽外，中都城一仍金制，城墙和城内的街巷胡同、衙门、商铺、佛寺道观基本没什么变化。此后又半世纪，成吉思汗之孙忽必烈继承汗位。最终选择在旧城东北建筑大都新城。大都新城营建后，元大都的范围包括南北两城，一个是原金中都旧城，称旧城或南城；一个是在中都城东北的新城。这样，大都新城的正门丽正门外到金中都旧城之间，自然成为两城间大片的关厢地带。《马可·波罗游记》记载："各城门外都有一个城郊，范围广大，和左右两边城门的近城，连成一片，所以它的长度延伸六七公里之远，因而近城居民的人数超过了都城的居民数。在近郊，距都城也许有一点六公里远的地方，建有许多旅馆或招待骆驼商队的大客栈，为来自各地的商人提供住宿。"

明永乐年间拓北城的南墙二里，把南城墙从今长安街南，南移至今前三门一线，南城故金旧基地未变。由元至明，住在南北两城的人们为通行方便，选择了从骡马市大街、梁家园、虎坊桥到繁华的前门外，由西南至东北的斜向捷径，历经两百多年人走、马行、车轧，到明嘉靖年间增筑北京外城前，已经在这里形成了铁树斜街等一系列斜街。

铁树斜街与樱桃斜街西南向交会的路口处有五道庙，西南名五道街胡同。据明代兵部尚书王象乾《建玉帝殿碑记》记载，明万历三十五年（1607）在旧五道庙故址后建玉帝殿行宫，主殿朝向西南，前殿面阔三间。大殿后为二层楼，面阔三间。王象乾撰记谓："正阳门西，由臧家桥到宣武门，乃龙脉交通车马辐辏之地，旧有五道庙镇焉。"此处为正阳，宣武龙脉交通之地，故于庙侧建玉帝殿，率诸神

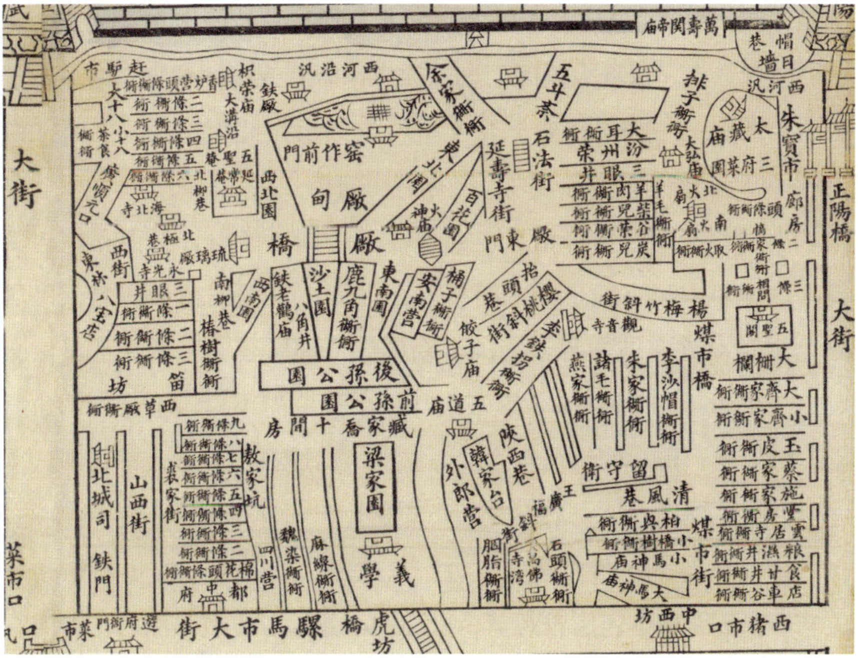

遍布京师的“斜街”胡同（《京城全图》）

以镇之。庙属门殿合一、抱厦临街的布局，保留了明代以前郊野路口的五道庙、土地庙形制，所处位置是从金中都旧城到元明内城的标志点，具有重要的历史价值。五道庙西北邻堂子街、东南原有河道和潭坑，旧称韩家潭，清代至民国间，曾列入“八大胡同”。

铁树斜街在明代只称斜街，从未种过什么铁树。到了清代，有位李姓做铁锅的棚铺很有名，于是就有了李铁锅斜街的名号，拐和锅只是一字之差，到清末谐音为李铁拐斜街。李铁拐斜街东北通大栅栏西街、大栅栏街，西南经五道街通虎坊桥，为大栅栏地区交通要道。

清光绪二十年（1894），著名京剧艺术大师梅兰芳便出生于此。街上有护国观音寺，留香大饭店，远东饭店，清真饭庄同和轩、同益轩等名店，北京第一家女澡堂润身女浴所也开设在此街，现改名清江浴池。1965 年整顿街巷名称时，改称铁树斜街。

铁树斜街周边，有相互连通的樱桃斜街、杨梅竹斜街和棕树斜街，均为西南—东北走向。樱桃斜街因曾广栽樱桃树而得名，民居 65 号院原系在京戏曲界人士的群众组织“梨园公会”所在地。该会成立于 1936 年 7 月，著名京剧大师杨小楼、尚小云、于连泉、荀慧生、程砚秋、梅兰芳、余叔岩、谭富英、马连良等十五人都名列董事之位。

杨梅竹斜街，在大栅栏西边，东连煤市街，西通樱桃斜街和东琉璃厂，街北有中药店雅观斋，以卖“小儿宝万应散”闻名。街南有个老字号东升平浴池。棕树斜街，东北起自大力胡同西口，西南止于石头胡同中段，东南侧分别与棕树头条、棕树二条相交，清代称王寡妇斜街，清末谐音为王广福斜街，1965 年改称今名。

唱戏的不离韩家潭

北京自古以来就是北方的经济中心，中原文化和北方草原地区文化的交汇融合处。金朝建都北京（时称中都），被掳来的开封杂剧艺人把融汇了中国古代音乐成果的唐宋大曲，辽、金大曲等传统音乐艺术，与流行于北方幽燕一带的音乐文化结合起来，创造出崭新的、为北京地区民众喜闻乐见的戏曲声腔“北曲”。金杂剧（又称金院本）、元杂剧（又称元曲）都使用北曲音乐，明传奇、清代昆曲也部分采用北曲唱法。北曲的曲目也很多，仅《九宫大成南北词宫谱》一书，就收录有北曲五百八十一个曲牌。

随着城市经济文化的发展和戏曲的兴盛，北京的戏曲演出场所也发生了很大变化，设有舞台的茶园逐渐取代了宋元以来的勾栏和后来的戏棚，逐渐成为营业性的室内演出场所。这些大戏园都集中在前门外一带。韩家潭周围既是勾栏、私寓和八大胡同所在地，也是昆曲、京腔、秦腔及皮黄腔等各大戏班的云聚之处。老北京俗语称："人不辞路，虎不辞山，唱戏的不离百顺、韩家潭。"韩家潭全长360米，均宽5.7米。明代时此处地势低洼，凉水河一条支流在此积水成潭，名寒葭潭。清康熙十二年（1673）状元、礼部尚书兼翰林院掌院学士韩元少住此，称韩家潭。现名韩家胡同。韩元少名韩菼，通经史，文章负盛名，曾领修《一统志》《平定朔漠方略》等书。清康熙初年，戏曲家李渔寓居于街北，建芥子园，后改为广州会馆，即今韩家胡同25号北京市第九十五中学所在地。李渔号笠翁，自幼聪颖，素有才子之誉，世称"李十郎"，曾家设戏班，到各地演出。著有《笠翁十种曲》《十二楼》《闲情偶寄》，编印《芥子园画谱》。他在韩家潭的院子里，设计建造类似家乡芥子园的花园，仍名芥子园。小园名满京城，常有名流在此诗酒流连。

清乾隆五十五年（1790），三庆徽班进京祝寿演出，陆续进京的还有其他各班。在这段时间里，北京有"三庆的轴子、四喜的曲子、和春的把子、春台的孩子"之说。"三庆的轴子"，指演新编连台本戏；"四喜的曲子"指四喜班的昆曲，《都门竹枝词》："新排一曲桃花扇，

京剧大师梅兰芳与萧长华演出《女起解》剧照

到处哄传四喜班”；和春班建于清嘉庆八年（1803），由庄亲王出资，约请外地名家和安徽艺人合作，以武戏为主，“和春曰把子，……工技击者各出其技”；春台班“联络五方之音合为一致”，以演徽剧为主，兼演秦腔和昆腔，因团内伶工以少年为主，故曰“春台的孩子”。

三庆徽班曾设在韩家潭、百顺胡同，此后四喜、春台等戏班分别住在百顺胡同、陕西巷和李铁拐斜街。道光、咸丰年间，余三胜、张二奎、程长庚开创出京剧三大老生流派，被称为老生“三鼎甲”。程长庚先后居住石头胡同和百顺胡同，寓名“四箴堂”，“三庆徽班”后也迁到百顺胡同，光绪二十六年（1900）梅兰芳迁至此地居住过。余三胜原是汉调老生，清道光中期继著名汉调老生王洪贵、李六之后进京，搭徽班演出，住在石头胡同61号，后为“四大徽班”之一春台班的台柱。张二奎在北京的故居有两处，一处位于永定门大街路东之忠恕里，另一处在石头胡同39号。张嗓音宽厚，唱腔朴实，时有“年少争传张二奎”的诗句，据传清咸丰十年（1860）因其母病逝，“以优伶僭用官宦排场举动”而定发配罪，死于通州。

同治以后，谭鑫培是对京剧做出划时代贡献的极少数艺术大师之一，与汪桂芬、孙菊仙三人被称为老生后“三杰”或后“三鼎甲”。谭鑫培住在韩家潭内大外廊营1号，大门前原有木牌上写“英秀堂”三字。谭家从清朝咸丰年间便在这里居住，前后住了六代人，长达一百三十多年。谭鑫培后人谭小培、谭富英、谭元寿、谭孝曾都出生在此。

教坊居集八大胡同

“八大胡同”是老北京“红灯区”遗留下来的一个地理名词，它的具体位置在前门外大栅栏观音寺以南一片地区，娼寮丛处，所谓“八大埠”者。“八大埠”指：石头胡同、陕西巷、王广福斜街（现名棕树斜街）、韩家潭（现名韩家胡同）、胭脂胡同、百顺胡同、皮条营、李纱帽胡同（现名大力胡同）。《京华春梦录》中记载：“教坊居集之地，俗称八大胡同，实则为数仅六，自南迄北得其二，曰陕西巷、石头胡同；自东迄西得其四，曰韩家潭、百顺胡同、皮条营、王广福斜街”；“胭脂胡同，万佛寺湾，则遗迹仅存，都成私巢。凡此艳闾，居正阳之西，环香厂之北，灯火万家，笙歌竞喧，窟号销金，阵乃迷魂矣”。

金代在杂剧中出现的“锦胡同”“花胡同”，即指此类歌舞妓馆勾栏集中的胡同。《清稗类钞》中记载：“京师指妓馆所在之地曰胡同。”证明早期的胡同，确为下层平民聚集的小巷子。元代，妓馆只能开在城外，《马可·波罗游记》写道：“那些以卖淫为生的妇女，除暗娼，人不知道以外，不许在城内开业，全部限制在郊区。正如我们前面所讲到的，那里有二万五千名娼妓。无数商人和其他旅客为朝廷所吸引，不断地来来往往，络绎不绝。娼妓数目这样庞大，还不够满足这样大量商人和其他旅客的需要。”八大胡同正处在两城间商旅、人马往来的繁华处，当为开办妓馆的集中地区。

明嘉靖年间增建外城，把两城之间的关厢地带和旧城大部分圈入。到张爵编写《京师五城坊巷胡同集》时，正阳门外西河沿至猪市口以西，已有斜街、王皮胡同、石头胡同、皮条胡同、陕西巷、外廊营胡同。清乾隆时这里已形成大栅栏商业区，人口更加密集，外地人员往来不绝。很多无名胡同，也因妓院业务繁忙，有了隐晦的名号。在观音寺街南，分出樱桃斜街和李铁拐斜街；外廊营变为大、小外廊营；皮条胡同扩展为东、西皮条营；还增加了王寡妇斜街、胭脂胡同、万佛寺湾、百顺胡同、小李纱帽胡同等。

所谓八大胡同者，“八大”是虚指，其实该地区至少有十五条胡同属于此类。从广义上说，八大胡同指从铁树斜街以南，珠市口西大街以北，南新华街以东，煤市街以西这一大片区域内的许多胡同。清朝末年北京民间曾经流传一首打油诗：

石头胡同

八大胡同自古名，

陕西百顺石头城。（陕西巷、百顺胡同、石头胡同）

韩家潭畔弦歌杂，（韩家潭，现名韩家胡同）

王广斜街灯火明。（王广福斜街，现名棕树斜街）

万佛寺前车辐辏，（万佛寺系一小横巷）

二条营外路纵横。（大外廊营、小外廊营）

貂裘豪客知多少，簇簇胭脂坡上行。（胭脂胡同）

过去北京的妓院按等分级，一、二等为高级妓院，又叫“堂”和“大地方”。“八大胡同”里的头等和二等妓院较为集中，每家门前有块小金字招牌，上书堂名如“春福堂”“盛安堂”或再加上姓氏于堂名之下。韩家潭内多为“南班”妓院，有名的有环采阁、金美楼、满春院、金凤楼、燕春楼、美仙院、庆元春等二十多家。陕西巷内的一等妓院有十六家，以清末名妓赛金花入主的怡香院最有名，现在这所妓院的房屋建筑和布局保存较好。《清稗类钞》记载：“有好事者赋诗以记之曰：‘六街如砥电灯红，彻夜轮蹄西复东。天乐听完听庆乐，惠丰吃罢吃同丰。街头尽是郎员主，谈助无非白发中。除却早衙迟画到，闲来只是逛胡同。’盖天乐、庆乐为戏园名，惠丰、同丰京馆名（饭庄），而胡同又为妓馆所在地也。”

梁氏园外有旧城

梁家园在骡马市大街东段北侧，胡同内有明代著名的梁园。明刘定之《呆斋集》载："梁氏园外有旧城。旧城者，唐藩镇，辽、金别都之城也。"萧太后城在胡同南面的梁家园小学内，20世纪40年代末，笔者就读于梁家园小学，学校分南北两区。北区的校园西侧有段土城，放学以后我们常爬上去玩耍，说那是萧太后城，此土城实为金中都的东城墙。

北京的胡同之根

现在菜市口十字路口的西南角，立有楼状"辽安东门故址"石碑，安东门为辽南京城东垣北侧的城门，故址位于烂缦胡同北口西侧与广安门大街交接处。烂缦胡同南北一线以西，有辽代遗留下来的街

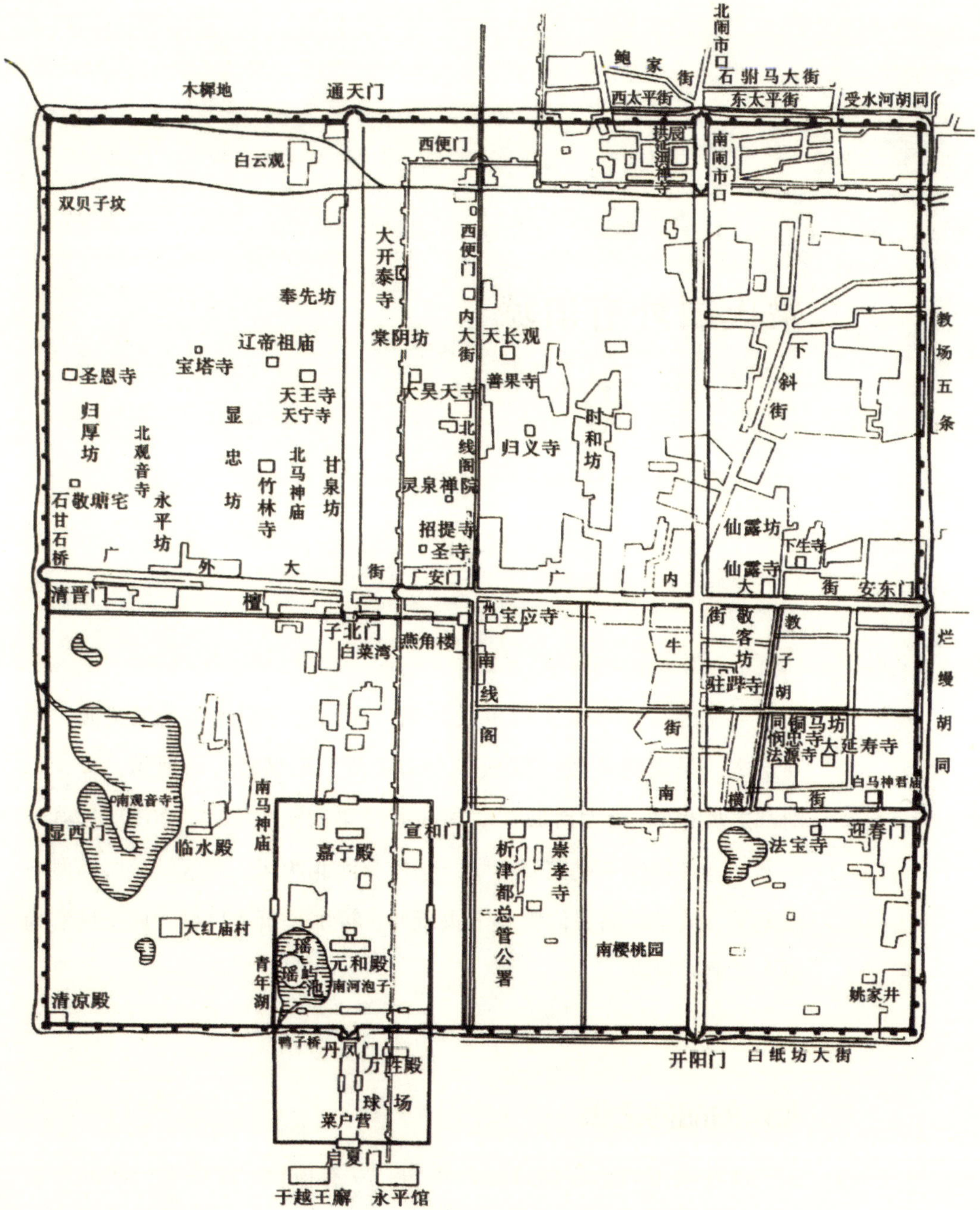
北闸市
鲍家街
石驸马大街
木樨地
通天门
西太平街
东太平街
受水河胡同
西便门
拱辰门
南闸市
白云观
双贝子坟
大开泰寺
西便门内大街
奉先坊
棠阴坊
天长观
辽帝祖庙
宝塔寺
圣恩寺
善果寺
天王寺
天宁寺
大昊天寺
教场五条
下斜街
归厚坊
北观音寺
显忠坊
北马神庙
甘泉坊
北线阁
归义寺
时和坊
竹林寺
石敬瑭宅
甘石桥
永平坊
灵泉禅院
招提寺
圣寺
仙露坊
下生寺
仙露寺
广外大街
广安门
广内大街
安东门
清晋门
檀州街
宝应寺
子北门
白菜湾
燕角楼
牛街
敬客坊
教子胡同
烂缦胡同
南线阁
驻跸寺
铜马坊
悯忠寺
法源寺
大延寿寺
南观音寺
南马神庙
白马神君庙
横街
显西门
临水殿
嘉宁殿
宣和门
迎春门
法宝寺
析津都总管公署
崇孝寺
大红庙村
青年湖
瑶屿
瑶池
元和殿
南河泡子
南樱桃园
清凉殿
姚家井
鸭子桥
丹凤门
万胜殿
球场
菜户营
开阳门
白纸坊大街
启夏门
于越王廨
永平馆

辽南京城平面图

巷胡同；烂缦胡同以东至梁家园南北一线，是金代扩建中都城时新建的胡同，这一带所保留的大片辽金胡同，是北京胡同之根，也是不可再生的宝贵财富。

《金史·海陵本纪》载："贞元元年五月乙卯，以京城隙地赐朝官及卫士。七月戊子朔，原赐朝官京城隙地，征钱有差。"金中都新建的住宅、商铺即在城西、城南、城东三面的平行胡同中。20世纪60年代，中国科学院考古研究所的徐苹芳先生对金中都进行了钻探。钻探结果表明，金中都的西南部多是平行等距离的胡同，与北宋汴京开放型街道胡同相一致。

我国古代在城市管理方面，执行封闭的闾里制和里坊制。每个闾里将二十五家左右或数十百家围在一个矩形的高墙里，成为城中之城。汉许慎《说文解字》："巷，里中道"，指闾里内的通道，巷的长度受闾里大小的限制。闾里内垂直于巷的小巷称衙，比巷还要窄小。到了五代特别是北宋时期，随着经济蓬勃发展，里坊的围墙被拆除，在城市管理中从封闭的"里坊制"过渡到开放的"坊巷制"。这时的坊只是一种区划名称，四周不再设围墙，那些被围墙封闭在里坊内的小巷子可以直接与大街相连，成为可以随意通行的道路。与此前只记里坊的"重里轻巷"时代不同，宋《东京梦华录》一书中，出现有小甜水巷、第一条甜水巷、妄行后巷等。同期的北京房山石经题记中，也发现辽末金初燕京城内有山北居北巷、齐相公巷、大花巷、井儿巷、老君巷等街巷名称，可知在金天德三年（1151）扩建金中都前，里坊的坊墙已被拆掉，巷和衙有了具体的专名。

里坊制的崩溃虽然推进了城市的经济发展，但因为沿街设摊，违建横行，造成“坊无广巷，市不通骑”的乱象，发生火灾后根本无法救援。仅两宋300余年，有记载的大型火灾就有200多次。为此政府不得不严格规定巷和小巷的宽度，强制建立消防通道，开辟又宽又直的火巷和火弄。绍兴三年（1133）十一月二十二日，宋高宗又因“日来居民屡火”，为此下达建“火巷”的诏书，要求“被火处每自方五十间，不被火处每自方一百间，各开火巷一道，约阔三丈。委知通躬亲相视，画图取旨”。规定了巷和弄的防火间距尺度标准，火巷约阔三丈，合今约9.3米；火弄比较窄，宽约一丈，合今约3.1米。一旦发生火灾，可以防止对面的火势蔓延过来，这种防止火灾蔓延的举措得到各地的普遍响应。《析津志》记载，元大都的街道全面推行火巷和火弄：“街制：……三百八十四火巷，二十九衖通。”元《经世大典》，记衖通为火弄。熊梦祥是南方人，在衖通下特别注明“衖通二字本方言”，表明衖通是吴语方言弄堂。金中都城内也有火巷，“崔府君庙在南城南春台坊街东，火巷街南”。南方的弄和火弄在北方民间俗称胡洞，两者之间是巷（衖）的南北两音关系，这样衕在北方话通行的东北、华北地区，又增加了胡洞的称呼。元版本《老乞大》记东北人称小巷为胡洞，金末的北曲和元曲里也出现锦胡同、花胡同和“杀出一条血胡同”等。这种官府推行南音火巷和火弄，民间流传北方话胡洞的局面，直到明代才得以解决。

明嘉靖三十九年（1560）张爵编写《京师五城坊巷胡同集》。在这本书的自序里，张爵特别叙述了自己收集胡同的过程：“予见公署所载五城坊巷必录之，遇时俗相传京师衚衕亦书之，取其大小远近，采辑成编”，由此印证这样一个事实，从明代开始，才把流传在坊间的胡同记载到文书里，使胡同成为正式行用的街巷名称。不过明代

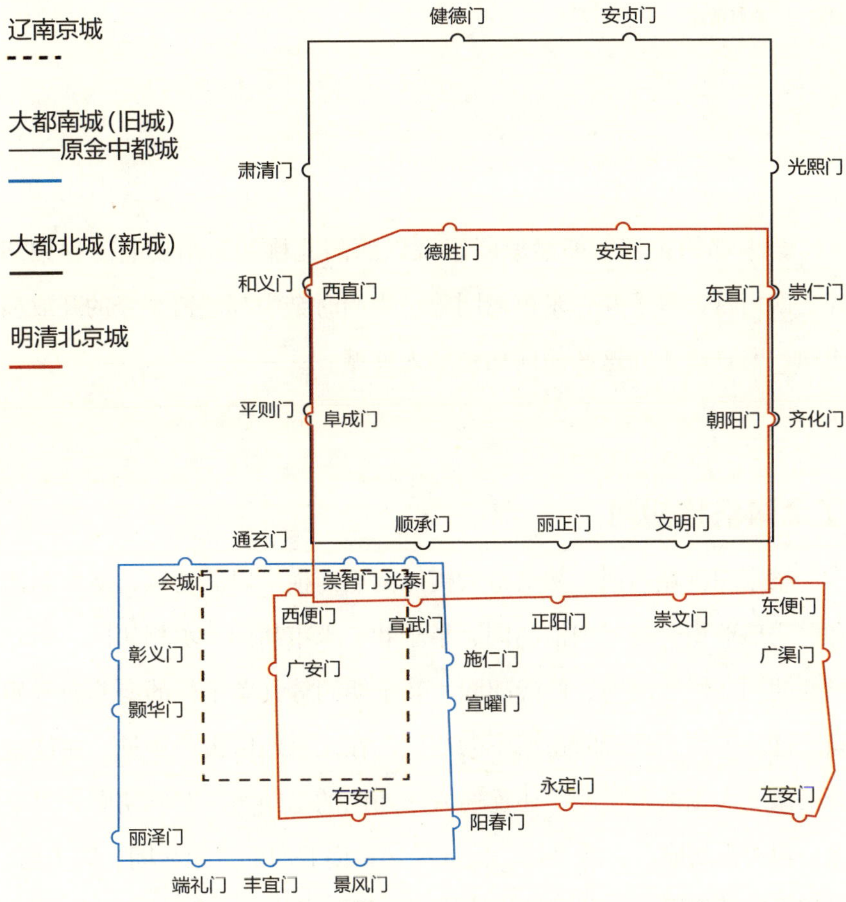

北京胡同的渊源

胡同的写法，比现在复杂，在“胡”和“同”这两个字外面都加有“行”字，写成“衚衕”，表示胡同是可以让人随意行走的小巷。直到清末，因“衚衕”两个字写起来不方便，才有了简写的“胡同”。我们至今所见官府正式对胡同的命名，便出自《京师五城坊巷胡同集》，堪称北京胡同第一书。衕和胡同也可以通用，小说《西游记》写道：“每年家熟烂柿子落在路上，将一条夹石胡同，尽皆填满；又被雨露雪霜，经霉过夏，作成一路污秽。这方人家，俗呼为稀屎衕。”

金中都的东部，即梁家园废城以西的北柳巷、南柳巷、魏染胡同、四川营、果子巷、米市胡同等均为当时金中都遗留至今的开放型胡同，明嘉靖年间这些胡同均被划入外城。

辽金网格状胡同

梁家园废城西南、骡马市大街以南至南横街以北地区，从东到西有粉房琉璃街、潘家河沿胡同、果子巷、米市胡同、丞相胡同、南北半截胡同、烂缦胡同、西砖胡同、教子胡同等九条平行的南北向竖胡同。这一带均为辽金时遗留下的胡同，在北京地区极为罕见。在这些通向南北大街的古道间，还连通着东西向的七间房、驴驹胡同、保安寺、包头张胡同、中兵马司、前兵马司，南北向的贾家胡同、阎王庙、张相公庙等胡同。这些网格状的胡同，都严格建立在南北和东西方向，南北向竖胡同间的距离大致相等，胡同里的四合院则有序地排列在街道两旁，不由得使我们对辽金遗留下来的胡同有焕然一新的感觉。

粉房琉璃街，位于梁家园南口西侧，北起骡马市大街，南至南横东街。明称粉坊刘家街，因巷内有刘家粉坊而名。清末改称今名。中法战争的名将冯子材曾住此。中国近代维新派领导人梁启超，曾住街南115号新会会馆，其间在此院的北屋结婚。梁启超是梁思成的父亲，广东省新会人，与康有为齐名，史称康梁。甲午战争后，清政府与日本签订《马关条约》，清光绪二十一年（1895）随康有为发动“公车上书”，戊戌变法失败后流亡日本。辛亥革命成功，于1913年回国，出任由立宪党改组的进步党首脑，任北洋政府司法总长。袁世凯恢复帝制，梁启超在新会会馆起草策动蔡锷组织护国军、反对袁世凯的保国会章程。

果子巷是骡马市大街南侧最为繁华的胡同，处于宣南的核心地带，因口内有果子市而名。这条贯穿南北的巷子里，过去多经营干鲜果品的店铺，房山及大兴等地的果品大多集散于此。果子巷北口路西，民国时有南城劝学所，其朝东临街五间，满是大格玻璃窗，高君宇与邓中夏均在此进行过革命宣传活动。清道光二十年（1840）七月，曾国藩移居果子巷万顺店，与湘潭欧阳小岑同住。曾入住果子巷之前身体不适，搬来后病情加重，几个月后才逐渐痊愈。十月，移居达子营关帝庙。果子巷69号古瀛会馆即河间会馆，中华民国副总统冯国璋曾住此。

骡马市大街

驴驹胡同在果子巷南口略西，亦称骊珠胡同，有广西会馆。略东贾家胡同，明时曾称“贾哥胡同”，清时哥谐音为家。贾家胡同内会馆很多，著名的有福建莆阳会馆、江苏江震会馆、湖北蕲水会馆、广东高郡会馆、河南开封会馆、广西柳州会馆等十多个。清著名经学家洪亮吉于乾隆四十六年（1781）移此居住，他的人口论比马尔萨斯还早；清末著名小说家吴趼人，即《二十年目睹之怪现状》的作者，诞生在此胡同。

米市胡同43号，康有为故居。从清光绪八年（1882）康有为来京应试，至光绪二十四年（1898）戊戌变法失败，康有为都住在会馆北跨院中间的院子里。光绪二十年（1894），《马关条约》割让台湾及辽东，赔款白

康有为故居南海会馆

银二万万两的消息突然传至，在北京应试的举人群情激愤。康有为、梁启超联合在京应试的十八省举子，在宣武门外达智桥松筠庵、嵩芸草堂签名上书，吹响了维新运动的号角。

浏阳会馆在半截胡同，分前后院。谭嗣同在戊戌变法时曾住在会馆主房北套间，自题为“莽苍苍斋”。光绪二十四年光绪令谭嗣同入京觐见，下令封谭嗣同、林旭、刘光第、杨锐等四人四品衔，在军机处任职，从事变法和参与新政。9月18日夜，谭嗣同携光绪密诏，只身到法华寺袁世凯的住处，要袁世凯救驾。9月21日，慈禧发动兵变，谭嗣同把书稿交给梁启超，让梁逃走。9月26日，清政府逮捕谭嗣同，28日在菜市口就义。

桃花马上请长缨

红线胡同位于梁家园胡同西侧，北起前孙公园胡同，南至骡马市大街。明清称麻线胡同。17号，京剧表演艺术家杨宝森曾居此。杨宝森初学谭派，十二三岁时嗓音明亮，专工余派，有“小余叔岩”之称。后在其兄琴师杨宝忠、鼓师杭子和的辅助下，创立宗余的杨派唱腔。代表剧目有《伍子胥》《杨家将》《击鼓骂曹》等。

邵飘萍

魏染胡同源于金代，以工匠出身的魏家染坊命名。30号为邵飘萍故居和《京报》馆旧址。邵飘萍，名振青，笔

魏染胡同 30 号——邵飘萍故居

名飘萍，浙江东阳人。1916 年，任《申报》驻京特派记者。1918 年 10 月 5 日创办《京报》，原址在宣武门外珠巢街，1920 年迁此。鲁迅先生曾多次到此商议稿件，并亲自主编《京报》的《莽原》周刊。1926 年发生“三一八”惨案，邵飘萍因同情国民军和郭松龄倒戈反奉，被奉系军阀杀害。

南柳巷南口连魏染胡同。宋人宇文懋昭所著的《大金国志》里，提到过“南柳街”。明代属南城宣北坊，名柳巷儿永兴庵。永兴庵供奉观音大士，在今南柳巷 45 号，寺门朝东，清代称永兴寺。寺门外原有河道，柳树成行。《清乾隆京师图》，寺前标十间房，原柳巷儿琉璃厂西门北，标为北柳巷。清《宣统京师图》，寺前十间房改为南柳巷。2003年，扩建两广大街，在永兴寺前挖下水道，深挖到十米左右时，挖出金朝绳纹砖和近两米长的圆松木，证明该巷建于金代。清代在南柳巷东侧的铁老鹳庙设立报房，逐步形成报房集中的报房胡同，永兴寺和南柳巷也成为在京销售和批售报刊的中心报市，后废为民居。著名京剧演员李少春和《城南旧事》作者林海音，都曾住此巷。

从南柳巷向西，有南北向四川营和大片的东西向胡同“棉花地”和“椿树园”。相传，明崇祯年间四川女将秦良玉奉诏勤王，曾驻兵于四川营。《明史·秦良玉列传》说她智勇双全，善于骑射，又知书能文，她带兵军纪严明，威信颇高。崇祯帝在皇宫召见秦良玉时，作了四首诗赞扬她的功绩。其中一首诗写道：“蜀锦征袍手制成，桃花马上请长缨。世间不少奇男子，谁肯沙场万里行。”秦良玉在驻兵处建有石芝庵。后来蜀人将石芝庵改建成四川会馆，由于北京四川会馆颇多，故称四川老馆。馆内有秦良玉祠堂，内祀她的神位，上书“明太保秦良玉之位”。神位之后有木龛，龛中为秦良玉戎装画像。民国时期，会馆大门还挂着横匾，上书“蜀女界伟人秦良玉驻兵遗址”。民国时，四川会馆曾开辟女校。也许正是出于对秦良玉的敬仰与怀念，故不少人认为四川营和棉花诸条胡同源于秦良玉驻兵处。其实在成书于秦良玉奉诏进京前百年的明《京师五城坊巷胡同集》中，已记有四川营，显见四川营和棉花诸条胡同的得名与秦良玉驻兵没有任何关系。

“棉花地”和“椿树园”两大片东西向胡同被西草厂分割为南北两块。西草厂胡同在明代称“北草厂胡同”，俗称“西草厂”，因是储存草的地方故名。椿树胡同形成于金代，因广植椿树而得名，是北京以树命名最早的胡同。明代椿树胡同归南城宣北坊，名椿树胡同三条。清时的汉族官员，多住在宣武门外，如乾隆十九年（1754）进士，翰林院侍讲学士钱大昕，住椿树头条胡同；嘉庆六年（1801）进士，礼部左侍郎陈用光，住椿树二条胡同；雍正二年（1724）进士，工部尚书汪由敦，住椿树三条胡同。这些学者还互相唱和，如乾隆十二年（1747）“博学鸿词”汪沆在《小眠画斋稿集》里的看丁香诗：“颇忆前年上巳后，小椿树巷经旬栖。殿春花好压担买，花光浮动银留犁。”一时传为佳作。清末，云集在前门外的名伶纷纷离开八大胡同向西转移，仅有的三条椿树胡同已无法承受众多住房要求。于是扩充出大、小椿树胡同，还在椿树一、二、三条胡同的基础上，延伸为上和下三条胡同。到光绪年间，椿树胡同已从三条扩充到八条，棉花胡同也由头条胡同扩充到上、下二条等十二条胡同，成为京剧演员居住最集中的地方之一，被称戏窝子，向有“椿树园，棉花地，那里净是唱戏的”之说。

琉璃厂“中国博物馆街”

琉璃厂位于和平门外，被视为中国传统文化的窗口，有“中国博物馆街”的美誉，是北京一条著名的文化街。琉璃厂的“厂甸”全称“厂甸春节集市”，是北京特有的“春节文化集市”。清乾隆三十八年（1773）开四库馆，修《四库全书》，天下典籍汇聚京城，官府和文人雅士对书籍和文化用品的需求，促使这里书业和相关行业兴盛起来。数百年来这里曾经集散保护和流通了不可估量的文化财富，成为中国传统文化物质载体的聚宝盆。1927年，开辟和平门，修建新华街，形成东琉璃厂和西琉璃厂。

月斧修成五色泥

琉璃厂，辽代属京东燕夏乡海王村。这里曾坐落着辽金著名的寺院延寿寺，寺院面积巨大，东起五斗斋，在今延寿寺街东北的大耳

现今的琉璃厂

红星宣纸
日本文房

胡同；西至方壶斋，今宣武门东南的方壶斋胡同，包括整个琉璃厂的地域范围。故老传说“东有五斗，西有方壶”。当年辽主多次临幸其地，施斋游玩，还“招宋使观击鞠”。北宋靖康二年（1127），宋徽宗和宋钦宗父子被金人所俘，押解到燕京（今北京），宋徽宗被囚禁在延寿寺内。此后，随着朝代的变迁，延寿寺也失去了往日的辉煌，庙基也越来越小。

元代建都北京，设窑四座，琉璃厂窑为其中之一。明永乐年间建都北京，需要大量建筑材料，除全国征调，也在北京生产。其工程之浩大，征调民工、军工数量之多，在历史上实属罕见。据《大明会典》记载:“营缮所需木植砖瓦，有五大厂：神木厂，大木厂，堆放木植，兼收苇席；黑窑厂，琉璃厂，烧造砖瓦及内府器具；台基厂，堆放柴薪及芦苇……”为此占用延寿寺的大片土地，专门设置了烘制供皇室使用的五彩琉璃瓦件的琉璃厂内厂，在门头沟琉璃渠村设“外厂”。《宸垣识略》载:“今琉璃厂皆昔之寺基。”琉璃厂全盛时期，北起西河沿，南至庄家桥（章家桥，今臧家桥）及孙公园，东迄延寿寺街及桶子胡同（筒子胡同，今桐梓胡同），西达南、北柳巷，在今琉璃厂东街东口设东门、在今琉璃厂西街西口设西门。“厂制东三门，西一门，街长里许，中有石桥。桥西北为公廨。东北楼门上为瞻云阁，即窑厂之正门也。厂内官署、作房、神祠之外，地基宏敞，树木茂密，浓荫万态，烟水一泓。”

琉璃厂中间有石桥，沟通琉璃厂东、西门，厂桥以东称厂桥东，西称厂桥西。桥北即琉璃窑，桥下通渠，过去是条重要的城市排水干道。南新华街南端路东有臧家桥胡同，桥位在该处西口外，东西向横跨虎坊桥明沟，明称章家桥，清代中叶又称庄家桥。流水由虎坊桥明沟向南，通到先农坛西北的一片苇塘，东折注入龙须沟。到了乾隆年间，沙土园西口至堂子街西口的水道已改为暗沟，称北河暗沟和南河暗沟。自清末至今，始称臧家桥。虎坊桥原名虎房桥，因明代于桥西路北设虎房以豢养猛虎，故名。

琉璃厂征调民工极多，万历朝《西宫鼎建记》中载："琉璃、黑窑工程重大，非军不可集事……，查得旧例：锦衣卫拨军一千名……"又记："两窑用柴九千七百余万斤，约银一十四万六千余两，题准砍伐南海子树林合用抵无……"锦衣卫是皇宫禁军，专事监督民工，从管理人员到物力的使用，可以想见民工数量之多。为解决大批工人吃菜困难，特别在窑厂周围建立四处菜园，窑厂东门附近有东北园、东南园；西侧厂西门附近，有西北园、西南园。清末《光绪顺天府志》记述北京外城坊巷时，在琉璃厂旧址周边已经出现了东北园、东南园、西南园和西北园等胡同名。

明代，琉璃厂烧制的琉璃，不仅装饰了北京城的皇宫禁苑，也成为寺观庙宇、贵官豪宅的点缀之物。明末诗人吴伟业曾有诗赞道："琉璃旧厂虎房西，月斧修成五色泥。遍插御花安凤吻，绛绳扶上广寒梯。"吴伟业故宅在骡马市魏染胡同，即窑厂西南约半里，经常能看到五色斑斓的琉璃产品，故有此作。不过直到清初，除梁园、章家桥、杨毡胡同（今名樱桃斜街）、筒子胡同、安南营、麻线胡同、魏染胡同外，窑厂周围还是一片郊野景色，清初龚鼎孳在琉璃厂写道："不识鸣驺地，林塘意外幽。晴沙初吐月，高树总浮秋。"魏象枢《琉璃厂见自鹦鹉有感》云："秋林高漠漠，是尔入林期。"可见厂甸在两百年前还没有形成文化街。

汉官衡宇如鱼鳞

清康熙年间，朝廷为了皇宫的安全，取消琉璃厂，窑厂迁至门头沟琉璃渠村，“琉璃厂”的名字被保留了下来。朝廷采取窑厂附近官地上民间盖房征收间架税的办法，鼓励居民入住。至此，琉璃厂渐成居民密度较大的街巷胡同。当时窑厂监督汪文柏记曰：“外城是官地，架屋许多人，所以琉璃厂，衡宇如鱼鳞。”而琉璃厂离皇城较近的地域优势也凸显了出来，一些汉族官员为了上朝方便，开始在这一带建房居住。于是，往日烧制琉璃的窑厂，渐渐地成为城南文人聚居之地。清内阁学士韩菼住琉璃厂南韩家潭，著名戏曲家李渔在韩家潭营建“芥子园”。康熙朝“赋诗称旨，改翰林院侍讲，迁侍读，入仕南书房”的王士祯，住琉璃厂东街北面的西太平巷5号。王士祯去世后，为《四库全书》副编撰程晋芳（鱼门）寓所。清代著名文学家朱彝尊，号为竹垞先生，于康熙二十三年（1684）初罢职，自黄瓦门移居琉璃厂西北的海波寺街顺德会馆居住，其书房名“古藤书屋”，属北京市文物保护单位。《桃花扇》作者，清文学家孔尚任，也曾居于此巷之中。

纪晓岚

住在琉璃厂一带的，还有电视剧里戏称铁齿铜牙的纪晓岚。纪晓岚，名昀，字晓岚。乾隆朝左都御史、《四库全书》总纂修官。纪晓岚故居在虎坊桥东，今珠市口西大街241号，清式砖木结构，基本上属于两进

故宫的琉璃瓦均由琉璃厂窑烧制

四合院的建筑格局，饱经两百余年的风雨沧桑，具有众多的历史烙印和深厚的文化积淀。此地原为岳飞二十一代孙、雍正时权臣岳钟琪的住宅。现北院有纪氏编著《阅微草堂笔记》的书斋，称“阅微草堂”。纪晓岚分别于十一岁至三十九岁、四十八岁至八十二岁，前后长达六十余年居此。清嘉庆十年（1805）纪晓岚去世，故居数易其主。辛亥革命后，故居的一部分为直隶会馆公产。1930 年左右，曾是中共河北省委的秘密联络站。1931 年至 1936 年为“北平国剧学

纪晓岚故居

会”、著名的京剧科班富连成驻地。现建有晋阳饭庄。

琉璃厂紧邻前三门大街，包括外省来京述职的官员和各省的举人们进京赶考，大多数也在琉璃厂一带寄宿。这让宣南一带的会馆，占了北京会馆总数的三分之二，著名的安徽会馆便是其中的一座。安徽会馆在琉璃厂西侧的后孙公园胡同，明末大藏书家孙承泽曾在此居住。孙承泽三十九岁中进士，著有《天府广记》《春明梦余录》等记载北京地理、历史方面珍贵资料的书籍。孙宅内有研山堂、万卷楼、戏台等建筑，他的住宅和花园被称为孙公园。孙公园后被分为前孙公园胡同和后孙公园胡同。清康熙年间，洪昇创作的《长生殿》曾在孙宅的大戏楼演出。乾隆朝内阁大学士翁方纲、刑部郎中孙星衍、以藏有甲戌本脂批《红楼梦》而闻名的刘位坦等许多名人都在此住过。清同治八年（1869）直隶总督、北洋大臣李鸿章与其兄湖广总督李瀚章及淮军诸将集资购得孙公园的大部分，建安徽会馆。这里也是康有为等维新党人的活动场所，美术教育家徐悲鸿曾开设美术学校。会馆内戏台至今保存完好。现为北京市文物保护单位。

文化集市一条街

琉璃厂的“厂甸”全称“厂甸春节集市”，是北京特有的“春节文化集市”。最初厂甸叫“光厂”，又称“厂店”，源于明清时的灯会。明代的灯市，初在今东城区的灯市口。嘉靖年间，为皇宫的安全，灯市移到琉璃厂、花市及正阳门外等处。东琉璃厂有个火神庙，每年正月初三至十六，庙会兴旺。附近的真武庙、延寿寺等古刹也在这段时间开庙。官办的灯市加上寺院的庙会,“厂甸”便成了京城人春节生活中一大重要内容。

清康熙十八年(1679),慈仁寺遭地震破坏后,以书籍文玩为特色的庙市移到琉璃厂。乾隆时期文化街兴起,更让“逛厂甸”变成北京人岁首的一种特殊聚会和别具一格的文化娱乐活动。更添节日情趣的是,厂甸汇聚了北京及近郊著名的民间手工艺品。如“噔加儿”、琉璃片、琉璃鱼缸等琉璃制品,风筝、空竹、泥人、面人、剪纸、绒花,竹木制的刀枪剑戟、大花脸面具等儿童玩具,铜响器及箫、笛、胡琴等乐器,以及艾窝窝、驴打滚、年糕、茶汤等反映北京民俗文化的各种民间传统小吃。最著名又最通俗的是大糖葫芦、山里红穿的“大佛珠”和大风车。老北京人过年时谁家屋门外不摆出这三样东西,就不算你逛过厂甸。乾隆时的厂甸,“每於新正元旦至十六日,百货云集,灯屏琉璃,万盏棚悬;玉轴牙签,千门联络,图书充栋,宝玩填街。更有秦楼楚馆遍笙歌,宝马香车游士女”。据1931年春节厂甸大略统计,有商贩一千余户,其中古玩玉器类三百余户,玩具类二百余户,用品类一百余户,其他二百余户。1963年的厂甸规模最大,货摊从和平门护城河桥头,一直摆到虎坊桥十字路口,游人多达四百万人次。

厂甸一般从旧历的正月初二营业到正月十六,共十五日。和一般集市庙会不同的是,厂甸以经营书籍、字画、古玩文物、纸墨笔砚等为主,因而被称为“文市”。清代的汉族官员,多住在宣武门外,大量外官、举子会聚在琉璃厂附近,他们对书籍和文化用品的需求,促使这里书业和相关行业兴盛起来。清乾隆三十八年(1773)开四库

琉璃厂文化街

馆，修《四库全书》，天下典籍汇聚京城。浙江一带的五柳居、文萃堂等书商，纷纷会聚到京城。翰林院的大臣们，每天把所校勘的古籍中应考证的内容，详细列出书目，到琉璃厂的书店里去寻找资料。当时，编修们到琉璃厂书店寻检书籍、字画、文物等，形成了一个特殊的街景。其后两百多年，文人学子来琉璃厂文化街逛书店，购买字画、古董文物等，依然相沿成习。出现了荣宝斋、宝古斋、博古斋、邃雅斋、来薰阁、松筠阁等一批著名的老字号店铺。

琉璃厂文化街淘金、攻读钻研的文化人，从清乾隆以来就不乏学界名人，例如，从纪晓岚、林则徐、王懿荣、吴大澂，到康有为、谭嗣同，再及罗振玉、沈钧儒、鲁迅、马衡、周作人、邓之诚、胡适、朱自清、郑振铎，著名书画家林纾、齐白石、陈师曾、于右任、张大千等，还有离我们很近的老舍、邓拓、吴晗、廖沫沙等。据《鲁迅日记》记载，鲁迅在1912年至1926年居京的十余年间，去琉璃厂就有四百八十次之多，并详尽记录下到琉璃厂购买的书籍、文物及碑帖名称。琉璃厂还首开北京书店看书风气之先，并影响到北京书业文化的形成与繁衍。钱玄同、刘半农等人称琉璃厂书摊为“安身立命”之所，正是凭借着琉璃厂的书籍和书商，他们才得安学问之身立学问之命。

民国年间，开辟新华街，将明沟改为暗管，并在内城墙上开通两个拱形券洞以通南北道路。门洞高十三米，宽十米，各装两扇铁门，初名“新华门”，1927年改名“和平门”，以区别于中南海的新华门，张作霖时曾一度更名为兴华门。此后，琉璃厂被截为东西两段。由于琉璃厂以书肆、画店、纸店及珠宝玉器、古玩店为主，店铺最怕着火，期盼通过祭祀火神来除祸免灾，所以过去仅琉璃厂就有两座火神庙。一座在小沙土园，后来成为文昌会馆；另一座就是原厂东门内的火神庙，向东可以沿杨梅竹斜街或炭儿胡同通向繁华的前门大街。

第三辑

明成祖拓展南城

卖春联　方砚绘

明清“T”字形广场

北京城的营建，从明永乐四年（1406）开始。永乐十七年（1419）十一月，“拓北京南城”，将原大都城南城墙向南移二里余（即由今长安街一线移至前三门一线），此前该地区处于元大都新城的郊外关厢。经过这样的改动，北京内城基本形成正方形，皇城也由位于大城南部改为大体居中的位置，然后对这一地区与皇城同时规划建设，是为明代兴建北京城总体规划的重要组成部分之一。规划师们就利用这一拓展空间，在承天门前（清初改称天安门）开辟了一个完整的“T”字形广场，沿着广场的东、西、南三面修筑宫墙，把整个“T”字形广场封闭起来。现改扩建为北京城中轴线上最大的天安门广场。

长安街

长安街号称“天街”

明永乐十八年（1420）十一月，北京宫殿城池告成。“初营建北京，凡庙社、郊祀、坛场、宫殿、门阙，规划悉如南京，而高敞壮丽过之。”从此，北京成为京师。长安街与皇城同时建造，是明代兴建北京城总体规划的重要组成部分之一。东西平行走向的长安街，与纵横南北八千米长的御道中轴线，在天安门前垂直相交成准确的“十”字形经纬坐标中心点，从而构成了北京城坐北朝南，街巷纵横的总体布局。

明时，长安街全长3.7千米，有“十里长街”之称。中轴线经大明门到承天门，则是皇宫的前导。承天门前，长安街横向展开，配以五座石桥和华表、石狮，衬托皇城正门的宏伟气势，使得宫城前的中

心御道更加鲜明和突出，被称为“天街”。当年承天门前的东西两侧有长安左门和长安右门，其名取自盛唐时的长安城，具有长治久安之意，长安街因此二门而得名。两门建于明永乐十八年（1420），规制相同，门三阙，券门，汉白玉石门槛，单层歇山黄琉璃瓦顶，红墙，基础为汉白玉石须弥座，是中央官署衙门通往皇城的总门。门前竖立“官员人等到此下马”大石碑。百官上朝面奏皇帝都要从长安左、右门进入，步行进长安门，经天街（今天安门前的长安街），上金水桥，入承天门，继而进午门，到皇宫大殿朝拜。

长安左门又名“龙门”，或“孔圣门”，其位置在今劳动人民文化宫（原为太庙）前面的长安街大道上。明清两代，科举最高一级的考试要在紫禁城内的建极殿举行，称为殿试。每当殿试结束后，把写有得中进士者姓名的黄榜，在鼓乐御仗引导下，张挂在长安左门外临时搭建的龙棚内。由状元率领新进士看榜，随即由顺天府尹为状元插花、披红绸，新状元骑着御赐的高头大马，走过天街，以示皇恩浩荡。

长安右门又名“虎门”或“白虎门”，以副“左青龙、右白虎”之意。长安右门在今中山公园（原为社稷坛）前面的长安街大道上，每年八月中旬，皇帝诏令三法司会同王侯、大学士、九卿等在西千步廊旁进行“秋审”，复审各省判死刑囚犯的名册、口供和判决。每年霜降前，又在这里举行“朝审”，将刑部死囚带入长安右门讯问，确认无疑者则绑缚刑场执行；有疑问者则缓决，囚犯一入长安右门如入虎口，故有虎门之称。此二门南各与千步廊东西两端相接，封闭“T”字形广场，禁民通行。

《日下旧闻考》载：“乾隆十九年，于东西长安门外增筑围墙，各设三座门。”设在南池子南口以东的，称东三座门；设在南长街南口以西的，称西三座门。1912 年 12 月，将长安左、右门石门槛拆除。1913 年，为开通长安街，将东、西三座门改建为红墙、黄琉璃瓦歇山小式顶之三孔券门，仍称东、西三座门。

1913 年 1 月 1 日，长安街正式通行。1940 年，拆开内城墙东、西两侧的建国门与复兴门，成为近代长安街的雏形。1952 年 8 月，拆除长安左门和长安右门。1954 年 8 月，拆除长安街东西两座牌楼，同年拓宽道路，拆除西单至新华门间的双塔寺。1954 年，拆除人民英雄纪念碑以南的中华门。1966 年，长安街成为一条横贯北京城东西的交通大道，街面展宽为五十米至一百米，东西长安街的延伸线东达通州，西抵石景山，总长五十千米，被称为百里长街。

明万历北京城宫殿之图

六卿五军列东西

永乐之后，对北京城垣历代都有修葺，但规模最大的整修工程当数正统时期。这时期主要增建了各城门的门楼，加深了城濠，改建了桥闸，在城墙四角还修建了角楼，并改丽正门为正阳门、文明门为崇文门、顺承门为宣武门、齐化门为朝阳门、平则门为阜成门。通过这次整修，北京的内城城垣基本定型，以后再也没有什么大的变动。

明英宗正统年间也是大规模建设官署的时期。明成祖时诸衙门大都沿用元代旧官舍，分散在各处。明正统七年（1442），明英宗即下令按照南京之制，在大明门以北与承天门以南的“T”字形广场东西两侧宫墙外，按照“文东武西”的格局，依序兴建官署。于是“列六卿于左省，建五军于右隅”，开辟出皇城前诸多新的街巷胡同，成为明清两代皇家最高官署衙门的集结地。东侧宫墙外，今国家博物馆一带，为文职官衙。同年四月，建宗人府、吏部、户部、礼部、兵部、工部、鸿胪寺、钦天监等衙门。清代仍为各部所在，称户部街。在户部街外侧增设掌制诰、史册、文翰之事的翰林院，负责对外通商和交涉事务的总理各国事务衙门及太医院等。

西侧宫墙外，今人民大会堂一带，为武职和司法机关。明正统七年八月，建中、左、右、前、后五军都督府，太常寺、通政司、锦衣卫、旗手卫等官署。此外，明正统七年十一月，又建刑部、都察院、大理寺于长安街西（后来称为刑部街，即今复兴门内大街东段北边民族文化宫所在地），建詹事府于御河东堤（在今南河沿大街南口至正义路一带）。

明代，自大明门内沿东西宫墙内侧，修建黄瓦红柱、通脊连檐的千步廊。大明门位于皇城承天门之南、内城正阳门之北，北京城的中轴线上，清初改称大清门，民国改称中华门，是明清两代皇城正门承天门（清初改称天安门）的外门，又称“皇城第一门”。大明门甚为气派，两侧书有对联一副：“日月光天德，山河壮帝居。”顾炎武作《京师诗》赞曰：煌煌古燕京，金元辽开创。初兴靖难师，逐驻时巡仗。制掩汉唐闳，德俪商周王。巍峨大明门，如翠峙南向。在大明门与正阳门之间，为百步见方的小广场，周绕石栏，石护栏的通道呈“十”字形，宛如棋盘，中间御路似象棋盘上的“楚河汉界”，亦称“小天街”，百姓俗称“棋盘街”。棋盘街两侧朝向天街的东、西江米巷巷口各建一牌坊，东为“文德”，西为“武功”(清代改为“敷文”“振武”)，从而在大明门前形成了“左文右武”的街区布局，与北部皇城呈“众星捧月”之势，同时呼应中轴明显、左右对称的城市布局，表现出开国初期革故鼎新的气象。

百货云集大明门

在城市建制上，明北京城突破了历代所遵循的“前朝后市”定制，中心商业区由皇城北面的钟鼓楼地区，迁移到皇城南门大明门前。大明门一带，本就是金元时运河流经之处，建有市场。2002年，在今西交民巷北，距地表五米处发现金代闸河古码头遗存。也就是说，金闸河的西端就在今北京西交民巷东口的棋盘街一带，该码头距金中都东北隅不远，从这里卸载货物进入京仓非常便利。元初郭守敬在金闸河的基础上重开金口河，使用了同一河道。

元《析津志》记载：“丽正门南第一桥、第二桥、第三桥。此水

棋盘街全景

是金口铜铺水，今涸矣"，"世皇（忽必烈）建都之时，问于刘太保秉忠定大内方向。秉忠以今丽正门外第三桥南一树为向以对。上制可，遂封为独树将军，赐以金牌"。明代大明门，正处于元大都宫城中轴线的南部延长线上的关厢，元时有集市"菜市，丽正门三桥"。明代大运河的北端大通桥距大明门不远，大明门外正是凭借历代物流要道的地理优势，便于把供应北京市的商品大部分运到这里集散。

明代，北京内城中部被皇城占据，平民百姓禁止从皇城中间穿

行，棋盘街便成为当时北京东城和西城居民来往的交通要道。同时，作为内城中轴线上的第一个围合空间，棋盘街也为皇室、士大夫和平民阶层提供了活动场所。明代的官署衙门五府六部都设在大明门的左右两侧，外地运来的大米、丝、茶、糖，以及其他物资，首先要满足皇室、宫廷的需要。蒋一葵在《长安客话》中说："大明门前府部对列，棋盘天街百货云集，乃向离之象也，衙府部对列街之左右，天下士民工贾，各以牒至，云集于斯，肩摩毂击，竟日喧嚣，此亦见国门丰豫之景。”《帝京景物略》中也说：“朝前市者，大明门之左右，日日市，古居贾是也。”日日市，就是每天开张的集市，“居贾”则为常年开门营业的固定铺户。明弘治中的北京已是“生齿益繁，物货溢满，坊市人迹，殆无所容”了。而与大明门咫尺之遥的前门外也已经发展成繁华的商业区，客栈鳞次栉比，商号铺面相映争辉，百货云集，人声鼎沸，朝朝有市，终日叫卖。嘉靖年间，“城外之民，殆倍城中”，所以才有修筑外城的举动，棋盘街进而成为内外城居民来往的交通要道和最热闹的商市交融之所。

商市因为靠近政府机关，出入的官员文人较多，在大明门右侧多有

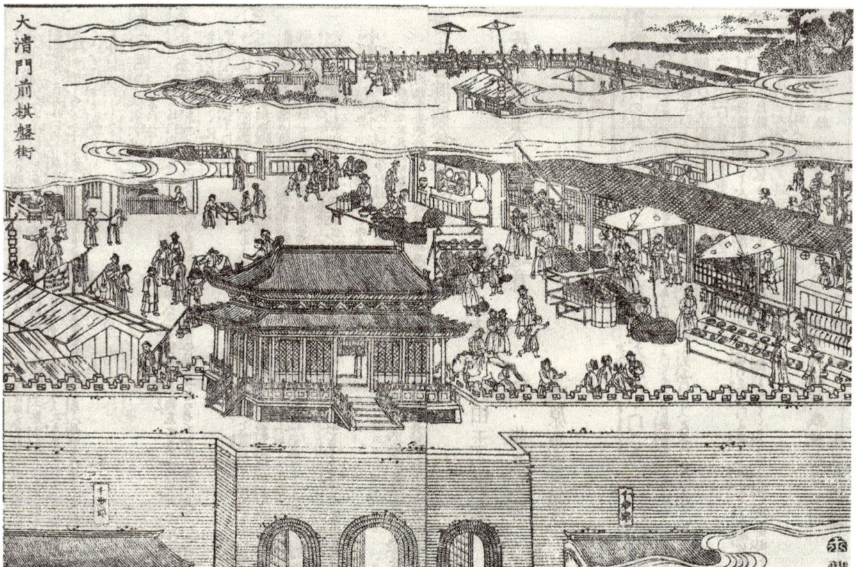

棋盘街旧景

书商设立的书肆。如正阳门内西第一巡更铺对面，即有京城著名书商汪谅开设的金台书铺。明万历年间的著名学者胡应麟记载：“凡燕中书肆，多在大明门之右及礼部门之外，及拱辰门之西。每会试举子，则书肆列于场前。每岁朝后三月则移于灯市。朔望并下浣则徙于城隍庙中。灯市极东，城隍庙极西，皆日中贸易所焉。灯市岁三日，城隍庙月三日，至期百货萃焉，书其一也。”礼部门前也有书摊，刘若愚在《酌中志》中，记录了《册府元龟》在礼部门前书摊买卖的情况：“先年，张文简公曾得内阁所藏《册府元龟》一部，其后文简公卒于京邸，其仆即将此书于部前货卖，先翁识其为阁本也，赎而藏之于家。”

北京最长的胡同

在天安门广场南面的东西两侧，有东交民巷和西交民巷。东交民巷原名江米巷，《明宣宗实录》载：“宣德十年夏四月辛酉：造江米巷石桥。”明代中期记为“东江米巷”，全长为一千五百五十二米，是北京最长的胡同。东交民巷在金代为闸河故道，近年考古发现闸河的西端有金代的码头，元代郭守敬曾在金闸河的基础上重开金口河。金元间附近仓库存储江南运来供皇家享用的上好糯米，北方人将糯米称作江米，胡同因而得名。西交民巷成巷时间较晚，明嘉靖三十九年（1560）张爵著《京师五城坊巷胡同集》，始标有“西江米巷”。

东交民巷使馆区

明代，东江米巷内设有礼部、鸿胪寺和会同馆等，主要接待来自安南、蒙古、朝鲜和缅甸等四个藩属国的使节。清改名四译馆，会同馆又称四夷馆，并修改政策，只允许外国使节在这里居住四十天。清建有户部银库、太医院、迎宾馆，肃王府和梁公府等王府宅第。宣统时称东交民巷，民国后沿称。1965年整顿地名时，汇丰夹道、大华街、三官庙、公安部后街并入，统称东交民巷。

清顺治元年（1644），户部在东江米巷设后库，因在户部衙署后而名。顺治十三年（1656）分立银库、缎匹库、颜料三库。户部是主管全国财政的最高行政机关，户部银库则充当着“国库”的角色。《大清会典事例》载：“银库为天下财赋总汇，出纳均有常经，各省岁输田赋、盐课、关税、杂赋，除存留本省支用外，凡起运至京者咸入焉。”清代前期，每年汇集到户部银库，由中央政府直接支配的银钱数量，约占全国赋税及其他财政收入总额的四分之一到三分之一。但自乾隆时和珅当国后，即未清理。管理官吏借此想方设法盗取库银，后来发展到子承父业，孙又承子业，“据为家资六十余年矣”。道光时因为库吏们分银不均，闹出事端，“其事不能复蔽，达于天庭”。道光帝勃然大怒，认为“此等积惯舞弊之人，恐盗用已不止此一次”，钦派大臣对库项全数盘查，统计存贮各项银两，结果较原册所开之数“实亏银九百二十五万二千七百六十二两三钱七厘”，使整体财政运行处于混乱之中。亏空案后，地方省库拖欠户部解银的现象大为增加，至太平天国运动爆发后，地方省库“拖欠解银”成为常态，从而使清代沿用两百多年的“奏销制度”趋于崩溃。

1860年，第二次鸦片战争中国战败，清政府与英、法、美、俄签订《天津条约》。相关条款规定，英国公使正式入驻东江米巷的淳亲王府（当时名为梁公府），法国公使正式入驻安郡王府（当时名为纯公府），美国公使进驻美国公民位于东江米巷的私宅，俄国公使入驻清初在这里修建的东正教教堂俄罗斯馆，随后各国公使馆均选择东江米巷一带作为馆址。光绪二十六年七月二十日（1900 年 8 月 14 日），八国联军入侵北京，明令侵略军"正式特许抢劫三日"，仅巷内的户部银库就被日本侵略军抢走白银三百万两，"敷文""振武"牌楼被毁，翰林院内的《永乐大典》《四库全书》等珍本也被毁劫殆尽。

清光绪二十七年（1901）签订《辛丑条约》后，列强将东交民巷地区划为"使馆界"，改东交民巷为"使馆街"。还在整个使馆界四周建起高约六米的围墙，围墙上建有八座碉堡，并设铁门，开设银行

东交民巷

及教堂、医院等多处，留存风格各异的西洋建筑。当时有位诗人愤然写道：“长安门外御河桥，轿马纷纷事早朝。不料皇宫居冠地，炮台高筑欲凌霄。”1950年1月6日，北京军管会颁发布告，宣布在北京市内各帝国主义兵营的占领地一律收回，其建筑全部征用。东交民巷现为北京市文物保护街区。

御河新柳暗如烟

正义路原名御河桥。明代初年，御河南出皇城以后，没有再走通惠河故道，而是沿着南河沿的河道笔直向南，穿过正阳门东水关，流入内城南护城河。在这段新开辟的河道上，依次横架三座石拱桥，在东长安街上的称北御河桥，江米巷内的为中御河桥，紧靠城根的是南御河桥。临近中轴线的胡同称御，表明与皇家关系密切，这在南城绝无仅有。明代在北御河桥南侧的东、西两岸曾各立一座牌坊，额题“御河东堤”和“御河西堤”，岸边高柳垂荫，葱郁可观。“御河新柳暗如烟，万缕长条碧可怜”，作为当年的京师一景，“御河新柳”常为诗人题咏。

到了清代后期，这段御河被划入了外国使馆界。清光绪二十七年（1901）使馆界拆除了南御河桥，改为暗沟，作为六国饭店的停车场。1926年，又改中御河桥以北至长安街一段的御河为暗沟，路面中间辟为绿化隔离带，仍以原来的东西河沿为通道。1924年通有轨电车时，此地曾有“御河桥”一站。到了20世纪30年代，南河沿改为暗沟，北御河桥也被拆改为马路。民国乃至中华人民共和国成立以来数次修

20 世纪初的御河

建东长安街，御河桥已沉入地下。抗战胜利后，命名御河桥东侧路为兴国路，西侧路为正义路。中华人民共和国成立后，两侧统一命名为正义路。

理藩院是清朝管理蒙古、新疆、青海、西藏等少数民族事务的中央机构，从设立到宣统三年（1911）清朝灭亡，其间二百七十六年。崇德元年（1636），清太宗皇太极改国号为“清”，建立清政权。这时，内蒙古各部已经归附皇太极。为了便于治理内蒙古各部事务，使其成为攻打明朝夺取中央政权的可靠后方和借助力量，皇太极除了封授蒙古各部首领以亲王、郡王、贝勒、贝子、镇国公、辅国公等爵

北京饭店

位外，还特设了专管蒙古地区事务的中央机构“蒙古衙门”。此后，外蒙古、西蒙古各部也开始和皇太极政权发生关系。这样一来，蒙古衙门已不适应处理越来越多的事务。清政府把新疆、青海、西藏等少数民族居住地区和蒙古地区一起统称为“藩部”。崇德三年（1638）六月，蒙古衙门更名理藩院。

康熙、雍正、乾隆年间，理藩院组织机构渐趋完善。乾隆帝说：“吏、户、刑三部及理藩院均属紧要。”把理藩院摆在重要地位。清顺治十八年（1661）九月，决定理藩院官制体统与六部相同，理藩院尚书照六部尚书，入议政之列，衔名列于工部之后。清咸丰十年

（1860）十二月，成立总理各国事务衙门以前，兼办对俄外交事务。清光绪三十二年（1906），清政府宣布预备立宪，开始“厘定官制”的改革，理藩院更名理藩部。清光绪二十六年（1900），理藩院拆除，改建北京饭店。

允禩魂断台基厂

东交民巷东部，与南北向相交。台基厂大街，北起东长安街，南到前门东大街。明朝时南段称“红厂胡同”，北部为“台基厂”，俗称“台吉厂”。明成祖朱棣定都北京后，修建紫禁城，在此加工宫殿基座称“台基厂”。后为堆放薪柴芦苇以及草料之处。谈迁在《国榷》中载:“正德十三年十一月甲辰台基草场火，主事南大吉下法司。”清《京师坊巷志稿》载，清朝时，该街北端东侧有裕亲王府及安郡王府。清光绪二十六年（1900）八国联军侵入北京，此处成为列强的“保卫界”。1947 年北平市地图中，南段称“洪昌胡同”，北段称“台基厂”。1949 年后两段合并，改称“台基厂大街”。

台基厂头条在台基厂大街东侧，长三百六十五米，宽约八米，东西走向。宣统时称头条，民国起称头条胡同，1949 年后称今名。自北向南顺序排列，为台基厂头条、二条、三条。清代，台基厂头条东口路北有安郡王府，西为廉亲王府，再西为裕亲王府。廉亲王府府主允禩，清圣祖康熙帝第八子，雍正帝异母弟。允禩原名胤禩，自幼备受康熙喜爱，十七岁的时候即被封为贝勒。胤禛登基后，年号雍正，以避讳，兄弟们改胤为允。雍正帝曾多次说过:“允禩较诸弟颇

台基厂头条

有办事之材，朕甚爱惜之。”任命允禩总理事务，晋封廉亲王。雍正四年（1726），雍正帝宣布允禩罪状，改其名为“阿其那”（旧说满语“狗”）。九月胤禩于监禁中病故，年四十六岁。

裕亲王府，是世袭递降的亲王府，位于今台基厂二条中间路北。《啸亭续录》载：“裕亲王府在台吉（基）厂。”《宸垣识略》记载：“裕亲王府在昭忠祠西台基厂。”始王福全为清世祖第二子，康熙六年（1667）受封裕亲王，参与议政，并于当年建府。据康熙《大清会典》记载：“康熙六年建裕亲王府，大门一座五间。正殿一座七间。东西配楼二座，每座九间。左右顺山房二座，每座三间，牌坊门一座。寝殿一座七间，抱厦五间。东西配殿二座，每座五间。南北厢房二座，每座三间。后楼一座七间。随楼转角房二座，每座八间。”《京师坊巷志稿》称这里为荣公府，清末，因府在新开辟的使馆界内，被拆除改建为奥匈使馆。现王府遗迹已无存。

台基厂大街北口路西，原清朝堂子的所在地。堂子始建于清朝顺治元年（1644），“皇帝拜天则於堂子，出征拜天亦如之”。主要建筑包括享殿、圜殿、神杆处。神杆有杆座七十三根，中央为帝、后杆座，左右两翼各为六行，每行六根，以未封皇子列于前面，以下依照爵秩排列有满族王公大臣的神杆。每遇国家发生大事，皇帝亲赴堂子告祭。是清帝祭神之所。清光绪二十七年（1901），《辛丑条约》规定东交民巷为使馆区，清廷被迫将堂子迁至南河沿南口，即今北京饭店西侧贵宾楼处。

西交民巷银行街

明代是高度专制的中央集权封建帝国，因此北京城严格遵守封建王朝都城的规制进行布局设计。明正统七年（1442）以“行列方位”，次第改建五府六部等中央官署，于广场西墙外设全国最高军事机关。清末在西交民巷聚集了中国具有现代意义的中央银行和银号钱庄，一度掌控着中国的金融命脉，现遗有多处旧址。西部北新华街，原是中海下游南去的古水道，明代北段留在内城，称“化石桥大沟”，流入前三门护城河。后在水塘周围建屋成巷，形成不规则的六部口、北新华街、东西新帘子胡同和旧帘子胡同。

最早的户部银行

西交民巷西抵北新华街，早年有刑部、大理寺、都察院、太常寺、銮仪卫等衙门。清朝末年，北京银行业兴起，当时的金融街就在东交民巷、西交民巷及其附近地带。在西交民巷全长约一千米的街巷里，聚集了中国具有现代意义上的中央银行、股份制银行、私营银行、老式银号钱庄等几十家，与东交民巷的外资银行一起，一度掌控着中国的金融命脉。清光绪三十一年（1905），清政府引进西方金融制度，在西交民巷原巡视中城御史衙署处成立户部银行，民国初更名为大清银行，是中国历史上最早的中央银行。遗址在西交民巷与人民大会堂西路交叉路口西北角甲25号(亦称甲23号或27号)。1911年清政府倒台后，改组为中国银行，与交通银行一同行使中央银行职能。1928年，国民政府南迁后另设立中央银行，中国银行改为国际汇兑业务银行，此地遂改称中国银行北平分行。现存西式拱门，门洞有灰色雕花铁门。

西交民巷东口第一栋欧式建筑，为大陆银行北京分行旧址。基座用大块花岗石砌造，上层檐口挑出，入口大门做重点装饰，三层拱门内嵌券柱，两侧做科林斯式壁柱，楼顶设有钟楼，钟楼顶上是圆形的子母钟。整座大楼外观非常壮观宏伟，是中国建筑师设计西方古典式建筑质量最高的一座。1912年，大陆银行与盐业银行、金城银行、中南银行设立四行储蓄会，开以储蓄为营业主业之先河。“四行储蓄会”的石匾，在1999年重修天安门广场时，于毛主席纪念堂西侧出土。北侧第二栋建筑是北洋保商银行，系一座三层西式风格建筑，花岗石立面，六根粗大古希腊式柱廊，褐色立式玻璃门窗，上覆西式屋檐。清宣统二年（1910）该行为清理天津商人积欠洋商款项而设，由政府和华洋商人共同出资，故名“保商”。1920年，在该行设立目标完成后，改组为普通商业银行，并在西交民巷建了这座大楼，1937

户部银行旧址

西交民巷

年日本侵华后关闭。北侧第三栋银行建筑，是一座中西折中风格的两层楼，其西南角一个古朴典雅的半圆外廊大门，四根门柱撑住门廊和上面的环形阳台，门前铺着几级大理石台阶，正门上方还留有一个鹰雕。大门右侧挂有中央银行旧址的牌子，为国民政府中央银行北平分行旧址，1931 年建成并开始营业。

在接近人民大会堂西路的路段，还有两个银行旧址，一个是中国农工银行，该行原为 1918 年北洋政府财政部在大兴、宛平县设立的大宛农工银行，1922 年在此建了这栋两层欧式古典风格小楼。1927 年，该行改组为中国农工银行，这里为总行营业场所，楼顶上现还标注着“1922”字样。西交民巷56号是中华汇业银行，系三层与两层组合的西式建筑群，有高大的廊柱，金属门窗，名牌标注建成于1918年前，为北洋政府时期一家中日合资银行，据称仅存十多年。

都督府留胡同名

在今天安门广场西侧，清代称皮市，是一条南北向的长胡同。胡同北到长安街，南达前门大街，即现在人民大会堂东门前的南北道路上。1919年，京都市政公所《市内道路等级幅员之标准及已定等级路幅各道路名称》载：西皮市自司法部街至西交民巷，宽二十一米，一等路乙类。过去，自天安门广场西墙至司法部街、西交民巷南北街是卖皮子的集市，故名西皮市。清末至民国初年，前门大街店铺众多，戏院、电影院等娱乐场所云集，交通堵塞严重。1914年，内务总长朱启钤提出《修改前三门城垣的方案》。1915年，在正阳门城洞的东西两侧打开两个门洞，东门洞直通户部街，西门洞通往西皮市。西皮市西邻半壁街，大都为做皮毛的小作坊。

司法部街在天安门广场西墙外，南北走向，南起西交民巷，北接长安大街，长约二里。明代时为武职和司法机关，清代改设銮仪卫、太常寺、通政司等，并将明建五军都督府的街道改称前府胡同、右府胡同、左府胡同、中府胡同、后府胡同。在明锦衣卫旧址建立刑部，称刑部街，后在街上又增设都察院、大理寺等审案判刑的机关，又称司法部街。清光绪三十二年（1906），清政府改革中央官制，专掌审判。清宣统二年（1910）在司法部街建造大理院衙署，中华人民共和国成立后高检、高法等政法机关在此办公。

街东侧是居民胡同区，从北到南依次是垂露胡同、小中府、大中府、左府、大四眼井、小四眼井、宋家胡同、前府胡同。司法部街的中段有十字路口，路口西南角上有警察巡逻工作站，老百姓称其为警察阁子。十字路口把司法部街分隔成南北两段。1955 年，拆除西皮市与公安街前面的广场红墙。1958 年，中共中央决定在改建天安门广场的同时，建设人民大会堂。人民大会堂选在天安门广场西侧西皮市与旗手卫、司法部后身之间，司法部街整体拆除。今人民大会堂

石碑胡同

西路北段即原旗手卫，人民大会堂西路中段即司法部后身。

石碑胡同始于明代，南北走向，北起西长安街，南至东绒线胡同。石碑胡同北口有汉白玉石下马碑，石碑高约 4 米，宽约 1.5 米，厚约35厘米，上刻“官员人等，至此下马”。石碑胡同南口以东地带，为明代锦衣卫故址，清代改为銮仪卫，均是皇家的禁卫机构，所以官员到此下马也是理所应当的了。现有国家大剧院。

东安福胡同在西长安街西段南侧、北新华街北口内东侧，呈东西走向。东起石碑胡同，西到北新华街。清乾隆二十二年(1757)，新疆的回部首领和卓木兄弟发动叛乱，两年后被平息。同属和卓木贵族的图尔都家族因反对叛乱，效忠朝廷，被乾隆帝授予官职，奉命进京定居。三年后，乾隆帝将宫女巴朗嫁给图尔都为妻，并娶了图尔都之妹和卓氏进宫，后晋封为容妃，即传说中的“香妃”。容妃因民族习惯不同，不便住进皇宫，曾在宝月楼(即现在的新华门)居住。为了让容妃排遣乡愁，乾隆安排图尔都家族聚居在与东安福胡同东北相连的一条小胡同，曰“回子营”，时称“回回营”。

头牛录、二牛录夹道与回子营相连。牛录是八旗制度的基层军政组织，官名。每旗原则上包含二十五个牛录，实际上每旗的牛录数量并不一致。清顺治十七年（1660）改称“佐领”。掌管所属的户口、田宅、兵籍、诉讼等。乾隆二十五年（1760）奉旨授白和卓为回子佐领后，始有头牛录、二牛录两夹道名。1965 年，回子营、头牛录、二牛录并入东安福胡同。

《日下旧闻考》载:“乾隆二十五年奉旨授白和卓为回子佐领，以投诚回众编为一佐领，于西长安街路南设回营一所居之，共房百四十

回子营清真寺遗存

有七楹，回营内设办事房，以内府官董其事，回营之西建礼拜寺，北向寺门内恭立御制敕建回人礼拜寺碑记。”回回营礼拜寺的汉白玉雕花拱门原来坐南朝北，正对宝月楼。1913年，袁世凯在中南海设总统府，将宝月楼拆改为新华门，并在改造府前街（今西长安街）时，将该礼拜寺门拆除移至东安福胡同北侧，改为坐北朝南。同时在新华门对面建起一溜灰色花墙，以遮挡路南外国兵营及破旧民舍，将清真寺正门彻底封死。

东安福胡同周边原有东栓胡同、北小栓胡同等。古代官员进宫，须在长安右门外下马，然后将马拴在拴马环上，步行上朝。东栓胡同、北小栓胡同及附近很多带“栓”字的地名即由此而得。

减水河变新华街

北新华街北起西长安街，南到和平门。过去，自绒线胡同至西长安街段称北新华街北段；自南绒线胡同至石化桥段称北新华街南段。今北新华街处，原为北海和中海的下游，系一条南向的古水道。元建大都城，这条水道被大都南城垣今长安街一线截断，下游部分甩在城外，成为断头河。明初，在中海南侧开凿南海和减水河，利用原有的天然河道从中南海流出，以确保中南海泄水通畅。明成祖时，向南拓展原北京内城南城墙，新的南城垣又把这条古河道一分为二。北段留在内城，即今北新华街一线，称“化石桥大沟”，流入前三门护城河。南段置于外城，即南新华街一线，称“虎坊桥明沟”。

化石桥大沟的沟首分两个汊沟，分别在六部口和现在北京音乐厅对面的双栅栏胡同。明清时期，两个汊沟各有一个一两亩地大小的水塘，南水坑称南泡子，清称前水泡子；北水坑称北泡子，清称后水泡子。两汊沟在今绒线胡同位置汇合后，向南穿过化石桥水关（现和平门位置），入前三门护城河。1913 年，沟渠改为暗沟。1914 年将前后水泡子填平改筑为路，改称新平路。今名南、北新平路。

北新华街东西两侧有东新帘子胡同、西新帘子胡同和东旧帘子胡同、西旧帘子胡同。明初，在中海南侧开凿南海和减水河，减水河由中南海西南流经六部口东侧的北新华街，因这一带地势低洼形成水塘，后在周围建屋成巷。当时，在水塘里种植有荷花，盛产莲子，时称莲子胡同，讹传称帘子胡同。随着居民的增加，由帘子胡同派生出东新帘子胡同和西新帘子胡同，原帘子胡同称东旧帘子胡同和西旧帘子胡同。明末这一带是小唱们的聚居地。《梼杌闲评》：西边有两条小胡同，唤作新帘子胡同、旧帘子胡同，都是子弟们寓所。只见两边门内都坐着一些小倌，一个个打扮得粉妆玉琢，如女子一般，总在那里或谈笑，或歌唱，一街皆是。又到新帘子胡同，也是如此。明史玄《旧京遗事》：唐宋有官妓侑觞，本朝惟许歌童答应，名为小唱。而京师又有“小唱不唱曲”之谚。每一行酒，止传唱上盏及诸菜，小唱伎俩尽此焉。小唱在莲子胡同与娼无异，其姝好或乃过于娼，有耽之者往往与托合欢梦矣。

西交民巷87号和北新华街112号原是一处宅园，87号是住宅，112号是花园，系五星啤酒创始人张廷阁的宅院。宅院坐北朝南，东院为广亮大门，进门是影壁，影壁西由太湖石叠成进入内院的“门”，“门”上的一块太湖石上有乾隆癸卯新正御题诗一首。由假山入内院，院中北房三间，东西耳房各两间，东厢房五间，西廊与花园相通。其后为三进院落。西院是花园，前有太湖石假山，山上镶嵌汉白玉题字刻石，有乾隆帝御笔“普香界”，嘉庆帝御笔“护松扇”“翠潋”“排青幌”等。花园后半部由中西合璧的房子组成花厅，厅前有汉白玉石栏杆，一对石狮。院内还有硅化木、石雕等。据说院内的太湖石和石刻、石雕多为圆明园遗物，现为北京市文物保护单位。

张廷阁

第四辑

尊贵的皇家胡同

老北京地安门　方砚绘

小南城皇家御园

明皇城的范围，北至今平安大街，南至今东、西长安街，东至东黄（皇）城根、南北河沿一线，西至西黄（皇）城根、灵境胡同、府右街一线，一律为红墙顶覆黄琉璃瓦。清代以明朝宦官之祸为戒，收缩了内官署等衙门，许多通道开放，准诸王居住，产生了许多街巷。这些胡同的定名，沿袭了明内官署即所谓四司、八局、十二监等二十四衙门的名称，成为国内唯一存在于皇家禁地内的胡同。像明清皇城内东南隅的街道，其东即为东皇城根。区域内原系明代皇帝的御园，称东苑，又称南内、南城或小南城，向为皇家禁地，其胡同名称便处处散发着与帝王有关的“皇气”。

南池子大街南口

苏州胡同江南景

走进南池子，一条长约六百米的菖蒲河由西向东蜿蜒其间。菖蒲河古时称御沟，因河内菖蒲丛生，遂以得名。端午节时，人们在这里采菖蒲叶子插在门上，传能避邪。菖蒲河是明清皇城中外金水河的一段，河由西苑太液池南端流出，折向东南，经过天安门前，往东汇入御河，既是西苑三海的出水道，也是紫禁城筒子河向南流经太庙的出水道。河南岸为南皇城墙，西端为长安左门北墙下的半边桥，东端为进入御河的水闸，清代名天妃闸。明代在河上有桥一座，北通东苑长街，清代名牛郎桥，是一座石台木板桥，与西苑的织女桥遥相呼应，象征天上银河和牛郎织女星。1913 年打通南池子大街，在皇城

普渡寺西巷

墙上拆出券门，将此桥改造为石拱桥。河北岸在明代为皇宫东苑，跨河建有涌福阁，清代已无存。民国以后，菖蒲河两岸陆续建满房屋，在河南岸形成东、西银丝套胡同，2002 年拆平后亮出菖蒲河故道。

南池子在清初称南长街，又称东华门外南街，有内务府属库房、衙署。1913 年，在其南皇城墙开辟三孔券门，此街才与东长安街连通。街内老北京的各式门楼、门匾、砖雕、门墩、老房子、街道胡同布局基本保存完好，现为北京市以传统居住形态为主的历史文化保护街区。东南为明、清两代的皇家档案馆，即皇史宬。明嘉靖十三年（1534）建，珍藏明清实录、圣训、玉牒等重要典籍，1982 年定为全国重点文物保护单位。东与缎库胡同、普渡寺西巷等胡同相交，西南依次与大苏州胡同、小苏州胡同、飞龙桥胡同相交。清代，大、小苏州胡同统称苏州胡同。明时此地有观心殿，再往西还有一组建筑龙德殿，殿后有一石桥名为飞虹桥，后讹音变为飞龙桥。桥用白石建造，刻有龙、鱼等动物，栩栩如生。桥南北各建牌楼，桥后垒石为山，山上建乾运殿，山后是引水环绕的环碧殿。楼亭、山石、泉水交映成辉，颇似苏州园林。

南河沿原是皇城外御河南下的河道，明宣德年间把皇城的东墙从御河西岸移到东岸，这段河道也被圈入皇城，到乾隆时称南河沿。1921 年至 1927 年，北洋政府内务部拆卖东皇城墙，御河改成暗沟，填平道路后与皇城墙间陆续建满房屋，始形成街区。街南口路西，原系明小南城崇质殿，俗称黑瓦殿。明正统十四年（1449），塞外瓦剌南犯，明英宗朱祁镇贸然亲征，导致“土木堡之变”。英宗被俘之后，以于谦为首的大臣，拥立英宗之弟朱祁钰为帝，是为景帝。于谦率兵在北京城外击退了来犯的瓦剌军队，史称“北京保卫战”。瓦剌的首领见英宗已无利用价值，即将其释放。英宗回京后，被尊为太上皇，景帝将他软禁在崇质殿。八年后，英宗利用景帝病重的机会，复辟成功，遂将崇质殿升格为崇质宫。景帝去世后，英宗把他葬在西山金山陵，没有进入昌平明十三陵。

明末清初，崇质宫等建筑被战火焚毁。清顺治八年（1651）在旧址敕建普胜寺，为清初所建三大寺之一。后来，因寺内住持有一石姓蒙古人，故俗名“石达子庙”。1915 年，欧美同学会首任会长梁敦彦倡议，由欧美同学会的会员顾维钧、詹天佑等集资两千两白银，购得普胜寺，改建为欧美同学会的所在地。

普度寺多尔衮府

东苑始建于明朝初年。明永乐十一年（1413）端午节时，由于北京紫禁城的大规模建设尚未完工，而此时东苑已初具规模，从南向北建有宜春宫、观心殿、龙德殿、乾运殿、洪庆殿、重华宫等，“瑶台玉砌，奇石森耸，环植花卉”。既有金碧辉煌的殿宇，又有种满蔬菜的田园风光，其建筑也如紫禁城内一样富丽堂皇。于是，明成祖朱棣便驾临东苑，在此大宴群臣。“观击球射柳，听文武群臣、四夷朝使及在京耆老聚观。自皇太孙而下，诸王大臣，以次击射。”以后，诸帝王也都喜欢这里的清幽安静，经常在此巡游、居住、赐宴大臣。

清顺治初年，南池子东侧的重华宫改建为摄政王多尔衮之睿亲王府，府第“金碧辉煌，雕镂奇异”，规制之高，其他王府无可望其项背。清初吴伟业在其《读史偶得》中慨叹：“七载金滕归掌握，百僚车马会南城。”多尔衮是清太祖努尔哈赤第十四子，清太宗皇太极之弟，皇太极称帝后，封多尔衮为和硕睿亲王。皇太极去世后，多尔衮和济尔哈朗辅佐福临登基，是清朝入主中原的重要功臣。顺治帝加封多尔衮为叔父摄政王，即令为多尔衮建碑纪功，“永垂功名于万世”。清顺治七年（1650），多尔衮薨于古北口外喀喇城，年三十九岁。顺治帝下诏追尊多尔衮为“懋德修道广业定功安民立政诚敬义皇帝”，庙号成宗，丧礼依帝礼。谁知两个月后，顺治帝突然宣布多尔衮的十四条罪状，追夺一切封典，毁墓掘尸，王府上缴。迟至一百年后，乾隆帝发布诏令，以多尔衮“定国开基，以成一统之业，厥功最著”，明示平反昭雪，下令为他修复坟茔，复其封号，“追谥曰忠，补入玉牒”，成为清代八家铁帽子王之一。

普度寺大殿

清康熙三十二年（1693），将睿亲王府南部改建为缎匹库。缎匹库与大库、颜料库通称户部三库，掌收各省解绸、缎、绢、布、皮、丝、棉、线、麻及江南织造之缣帛纱縠等项，以待支放，今为缎库胡同。缎库西为灯笼库胡同，是清时内各府存放灯笼的地方。王府北部改建为玛哈噶喇庙，供奉藏传佛教中的大护法神大黑天。清乾隆四十年（1755），又将玛哈噶喇庙翻修扩建，赐名"普度寺"，供后人祭拜。昔日摄政王府大殿被改建为"慈济殿"，寺左为黑护法佛殿，内藏铠甲弓矢，皆摄政睿亲王旧物。整体院落都建在三米多高的城砖台座上，显示着昔日王府不凡的气度。现在普度寺周边有前巷、东巷、西巷等胡同名牌，都写作"普渡寺"，而在《宸垣识略》等多部记述北京历史地理的书籍中，"渡"字没有三点水旁，写作"普度寺"。

普渡寺东巷与磁器库北巷、南巷相连。磁器库胡同，呈东西走向，东起南河沿大街，南邻缎库胡同，为明清宫廷存放磁器的仓库。民国初张勋住此，张勋复辟失败后，宅毁于火，人称"火场"。

东华门的门钉

东华门宫廷内市

东安门在北河沿大街和南河沿大街交界处的东侧。明初，御河在东安门之东，皇城之外，是一条重要的水上运输通道，甚为热闹。明宣德七年（1432），将皇城的东墙位置扩至御河的东岸，东安门随之东移。皇城向东扩建后，并未把原来皇城的东墙拆掉，只是把原东安门改成三座门式，更名东安里门，俗称墙门。以后在皇恩桥砌上障墙，将两门连为一体。东安桥上原有真武庙，老北京称“庙上有桥，桥上有庙”。民国初年将该桥拆毁，改为太平桥，庙改建在路北。民国年间东安门被烧毁。2001 年发掘出东安门地基，现修建有遗址展示区。

紫禁城的四座城门中，午门、神武门、西华门的门钉均为纵九横九，九为阳数之最。但东华门靠近太子宫，只有八排门钉。清初，东华门只准内阁官员出入。乾隆年间，还在东华门外护城河边设有仓廒。据《光绪会典事例》记载：“乾隆二十八年（1763）奏准：东华门外空闲围房，设恩丰仓一座。令仓场运储米石，以备太监等支领。仓房七十四间，大廒七座，每座存三千石；小廒五座，每座存一千八百石。”所设仓廒，用于存贮太监应领米石，赐名“恩丰仓”。由于清代大行皇帝、皇后、皇太后的梓宫皆由东华门出，民间俗称“鬼门”“阴门”。东华门大街北侧原有明清朝的光禄寺，现为北京市第二十七中学。

唐长安城内有东西市，明北京城不仅有东西市，还有皇家内市。明北京东西市，在今东四南大街和西四南大街。明代在那里划定“大市街”，在东四、西四两个十字路口的东西南北方向，分别竖有一个牌楼，称东四牌楼和西四牌楼。这两处牌楼的南北均书“大市街”三

东华门

字，东四东边的牌楼书“履仁”，西曰“行义”；西四东边的牌楼书“行仁”，西曰“履义”，表示经商要履行仁义。在东单和西单的十字路口上，各建一个牌楼，是为单牌楼。以后，在北京人的口语中，渐渐省去了牌楼两个字，就只说东四、西四、东单、西单了。但明代在皇城之内、禁城之外还开办皇家集市，知道的人就不多了。

明代内市在紫禁城东侧的东华门外、东安门内，并向北一直延续至玄武门一带。明代中晚期随着规模不断扩大，以至“在禁城之左，过光禄寺入内门，自御马监以至西海子一带皆是”，其中又以东华门一带最为繁荣。内市每月逢四开设，即初四、十四日、二十四日，每月三次。“此三日例令内中贱役辇粪秽出宫弃之，以至各门俱启”，此时禁城与外界沟通的渠道被打开，宦官、内侍等宫人以此为契机，“陈列器物，借以博易”，与宫外进行或明或暗的贸易。内市的主要贸易参加者为王公贵戚以及宦官宫人，特别六宫诸妃位下，各遣宦官内侍出货。最常见的交易商品从金玉铜窑诸器，到珠宝犀象锦绣服用，无不毕具，列驰道两旁。孙承泽在《天府广记》中记载：“至内造如宣德之铜器、成化之窑器、永乐果园厂之髹器、景泰御前作房之珐琅，精巧远迈前古，四方好事者亦于内市重价购之。”

北河沿通衢大道

北河沿大街南北走向，在东华门大街东部与南河沿相接，东华门大街西部为平行的北池子大街。明清时，御河流经北河胡同东口，在北河沿大街转向南流，直抵东长安街。20 世纪 50 年代以后，北河沿铺设暗沟，从此成为南北通衢大道。

光禄寺改宗人府

北池子大街在东华门大街西部北侧，南北走向，与南池子相接。

东华门大街北侧的智德前巷，是由智德东巷、智德西巷、智德北巷组成的胡同群。明代在此地设光禄寺和尚膳监，掌管御膳、宫内食用和筵宴等。我们看京剧，皇上一高兴就吩咐光禄寺大摆筵宴，与众卿贺功。但是光禄寺作为采购、管理、分配食品物料的花钱机构，

《紫光阁赐宴图》卷局部

渐渐地滋生出贪污、浪费、腐败等弊端，竟至连小吃也偷工减料、粗制滥造。清代人总结明代京师有“十可笑”，“光禄寺茶汤”名列榜首，“盖讥名实之不称也”，成为众人笑柄。

清初将明代的光禄寺改建为英亲王府，位置在智德前巷 11 号。府主是清太祖努尔哈赤的第十二个儿子，多尔衮的胞兄阿济格。阿济

格骁勇善战，带兵入关破李自成大军，被晋升为英亲王、靖远大将军。多尔衮死后，阿济格被削爵、抄家、赐死，子孙废为庶人。王府收回后，初为光禄寺，清末改为宗人府，现留有光禄寺夹道，记载着这段历史。

清朝的宗人府是管理皇家宗室事务的机构。清代皇族分为两支，一支是努尔哈赤父亲塔克世的直系子孙，称为宗室，腰间系黄带为标志；另一支则是塔克世的叔、伯、兄、弟等的子孙，是为觉罗，腰间系红带。宗人府掌管皇帝九族的宗族名册，记录宗室子女嫡庶、名字、封号、世袭爵位、生死时间、婚嫁、谥号安葬等事。职掌收发文件，凡宗室陈述请求，替他们向皇帝报告，引进贤才能人，记录罪责过失。管理宗室内部诸事，登记黄册、红册，圈禁罪犯及教育宗室子弟。

智德前巷 11 号，原为光禄寺旧址。民国时在光禄寺旧址建立私立孔德学校，遂名孔德巷。1917 年，蔡元培、李石曾和北大教授沈尹默、马裕藻、马衡等在东城方巾巷华法教育会的会址，创办新型的孔德学校。校名取自法国实证哲学家奥古斯特·孔德的姓，实行男女同校，开此风气之先。后迁至东安门北河沿原北大三院内，并在今东华门幼儿园和东华门小学所在地创办北京中法大学孔德学院。1928 年，国民政府令拨宗人府旧址为孔德学校校址，现为北京市第二十七中学。

骑河楼街，呈东西走向。东起北河沿大街，西止北池子大街，北与骑河楼北巷、草垛胡同相通，南与骑河楼南巷、智德北巷相通。《芜史》云：有亭居桥上，曰涵碧。桥建于明代，系楼阁式桥梁，在骑河楼街东端横跨御河，乾隆时称骑河楼街。清末，桥已久废，只剩街名。骑河楼 39 号，有清华同学会总会成立的清华同学会会所，在今骑河楼南巷内。

骑河楼南巷，清称妞妞房。胡同位于骑河楼街南侧，呈南北走向，是自西向东数的第一条胡同，南达箭杆胡同。北京有四处以妞妞

宗人府旧址

房胡同命名的胡同，它们分别是今骑河楼街南巷、东板桥街西巷、西什库大街东侧的爱民里三巷和府右街西侧的博学胡同北段。妞妞是北方人对小女孩的爱称。清代每三年选一次秀女，入选者都是八旗的少女。每年各旗要将本旗的十四岁至十六岁的女孩子造册上报。赶上选秀女的年份，各旗负责选秀女的官员要把这些女孩子送到北京。初选秀女，会问清楚她们的姓名、年龄，说话是不是清楚，有没有口吃。然后，让被选者转圈行走，观察其举止风度，有无轻佻，有无毛躁，等等。检查合格者留下姓名牌子，称作“留牌子”。未被选上的女孩

陈独秀旧居

子，由本旗的车子带回原籍归家。初选合格的小姑娘都会被嬷嬷带到妞妞房，在这里进行宫规和礼仪学习。培训后再入宫复选，合格者留在宫中，不合格者送出宫去，称作“撂牌子”。妞妞房胡同由此得名，这也是中国最后一个封建王朝清朝留下的痕迹。

妞妞房9号，为北京市文物保护单位陈独秀旧居。1917年，陈独秀接受蔡元培的聘请，出任北京大学文科学长，这里曾经是陈独秀的住所，也是新文化运动主要阵地之一——《新青年》编辑部。陈独秀旧居占地面积二百五十平方米，有十二间房。院落分东、西两部分，有两个街门，朝北的街门是箭杆胡同9号（现为箭杆胡同20号）。

御马监养“弼马温”

银闸胡同在骑河楼北，呈南北走向，两端曲折。北起今五四大街，东邻沙滩南巷，西靠草垛胡同，原为御河故道。为了调节因地势形成的水势落差，过去在河上设有多处水闸。清《宸垣识略》载：“骑河桥北有石础堵水中，开二尺许，当即银闸也。”有人说银闸以银铸闸，恐不足信。此地原为明朝御马监里草栏场旧址，留有南北向马圈胡同。胡同内有真武庙，在原银闸胡同23号，坐北朝南，主要建筑有山门、前殿、中殿、后殿和配殿，前院曾有石碑两座，一碑为明天启三年（1623）御马监掌印太监刘应坤等题，内容为“朝廷养马之处，非垄断货财之所”。有意思的是，在朝廷养马的地方还养着一群猴子。

御马监是明宦官官署十二监之一，权力很大。除掌御厩马匹外，还要管理草场、皇庄、经营皇店，与户部分理财政。永乐以后，御马监由管辖养马人员进而统领腾骧左、右卫，武骧左、右卫，统称“四卫”。如按当时的编制，五千六百人为一卫，四卫军人数达两万名以上。“名虽养马，实为禁兵，防奸御侮，关系重大。”明代两度设置的特务机构西厂，也由御马监提督，可与司礼监提督的东厂分庭抗礼。清顺治时十三衙门尚有御马监，康熙帝即位后裁撤。

在中国传统民俗文化中，猴有驱邪纳福的作用，四合院砖雕常刻有一只猴子骑在马上的图案，称“马上封侯”。民间传说，腊八那天，天庭要派弼马温下界，与畜神一道视察人间牲畜情况。因此腊八节必以粥喂牛马，同时给弼马温上供。小说《西游记》里写到，玉帝曾传旨封孙悟空为御马监正堂管事“弼马温”，书中特别交代：“行者五百年前曾受玉帝封在大罗天御马监养马，官名弼马温，故此传留至今，是马皆惧猴子。”这虽是对民俗中猴马关系的谐谑描述，但确也有生活依据。李时珍《本草纲目》载：“（猕猴）养马者厩中畜之，能辟马病。”御马监为防止马患瘟疫，有在马厩里养猴的习俗。史载：“正德中，御马监小猴十只，日食白米一斗，红枣二斤八两。”又《明孝宗宝训》：“弘治十五年九月，御马监山猴食减半。”看来此前管马的主事没少在这方面写花账。

北池子路东有宣仁庙和凝和庙。宣仁庙俗称风神庙，其规制仿中南海时应宫，庙内有雍正帝御书“协和昭泰”匾额，前殿祀风伯，后殿祀八风神。凝和庙在宣仁庙南，俗称云神庙，庙以云雾可凝结为水而得名，雍正帝题有“兴泽昭彩”额，庙门坐东朝西，殿宇均坐北朝南。雍正年间，在紫禁城两侧修建宣仁庙、凝和庙、昭显庙、福佑寺四座庙宇，分别祭祀风、云、雷、雨四神。昭显庙和福佑寺在紫禁城西侧的北长街。这四座庙宇的建筑均有严格的规制，皇帝每年定期前去祭祀，以求诸神保佑风调雨顺。

沙滩建大学堂

今景山公园东墙外，为景山东街。景山东街路东，从南往北数的第一条胡同叫沙滩后街，清称马神庙街。此地即明御马监所在地，因旧有马神庙而名。沙滩因有古代河道留下的沙滩而名，北京人称“沙滩儿”。清乾隆时其东段称双碾儿胡同。光绪时东段称双碾胡同，西段称东、西沙滩，中段即汉花园。过去沙滩向东并无道路，1947年拆掉该地三百余间房，东西道路修通后，泛称沙滩或猪市大街。1965年，因有北京大学五四红楼，定名为五四大街。

北京大学沙滩红楼

清乾隆二十五年（1760），乾隆的四女儿和嘉公主下嫁福隆安。赐地马神庙路北，建和嘉公主府。可怜公主二十三岁便香消玉殒，这处公主府也日渐荒芜。光绪二十四年（1898），光绪帝在维新派推动下，接受康有为、梁启超的变法主张，实行新政，下诏提出举办京师大学堂。五月八日，军机大臣、总理衙门奏拟由梁启超起草的《京师大学堂章程》。旋以景山下马神庙四公主府为大学堂基址，诏立京师大学堂。光绪十三年（1904），京师大学堂选派首批四十七名学生出国留学，这是中国高校派遣留学生的开始。

1912年，京师大学堂改称国立北京大学，严复出任校长。其建筑遗存今在沙滩后街55号、59号，现保留有原属于和嘉公主府的正殿、公主院等清式建筑和民国年间建成的数学系楼，及“西斋”十四排中式平房。北京大学建立后，该地出现大学堂夹道、操场大院等胡同名。1916年，在松公府南端靠近汉花园大街处兴建学生宿舍楼，因主要部分墙体为红砖砌就，人们称之为红楼。松公府原为清乾隆时一等忠勇公傅恒的府邸，是京城第一大府邸。光绪时，其孙松椿承袭爵位入住，后称松公府。其南墙外为清朝内务府所属汉花园大街，现为五四大街。

汉花园自御河桥至操场大院，南至老北大建筑外面的碎石马路，叫作花园大街；西至松公府内的北京大学图书馆及北京大学文科研究所正门；东墙外是北河沿，两岸夹着细条杨柳的宽大河沟，与中法大学的校舍隔着“鸿沟”遥遥相对；北面有椅子胡同，是北平新式科班中华戏曲专科学校所在地。清末名东沙滩，宣统时称汉花园。当时因北大红楼前有汉花园大街，致使汉花园几乎成为北京大学的代名词。

蔡元培

据老北大学生回忆："从前门车站雇洋车连拉人带铺盖卷，只要说上一声汉花园，没有一个洋车夫不知道他应该拉到哪儿歇腿的，并且也知道你决不是花得起冤钱的公子哥儿们，所以车钱也并不多要。"

1917年，蔡元培任北京大学校长，他"循思想自由原则、取兼容并包之义"，使得北京大学思想解放，学术繁荣。陈独秀、李大钊、鲁迅、胡适等一批杰出人物都曾在北京大学任职或任教，北京大学因而成为开风气之先的新文化运动中心和多种社会思潮的策源地。1918年8月红楼建成后，改用作北京大学校部、图书馆和文科教室，是北大文学院所在地。毛泽东到北京后，曾在李大钊担任主任的北京大学图书馆工作。

中轴线上地安门

地安门始建于明永乐十八年（1420），名北安门，亦称厚载门、俗称后门，是北京中轴线上的重要标志性建筑之一。地安门大街因位于皇城北门地安门而得名。沿地安门大街东、西两侧的明代皇城墙遗存，现为北京市文物保护单位。清宣统年间，从景山后街至后门桥，统称地安门大街，桥北称鼓楼大街，至民国初未变。后以地安门为界，迤北称地安门外大街，以南称地安门内大街。

黄瓦门称内皇城

地安门内左右两侧各有燕翅楼一座，为两层楼，面宽各十三间，黄琉璃瓦覆顶，好似大雁张开的一对翅膀而得名。清代为内务府满、蒙、汉上三旗公署，其作用是皇城的后卫哨所。光绪二十六年七月

地安门旧照

二十一日（1900年8月15日），八国联军向北京内城及紫禁城进攻，慈禧太后从地安门仓皇出逃。文载："15日清晨6点，慈禧率光绪及大阿哥溥儁等仓皇出逃。天未明时，载澜飞驰入宫，说夷兵已攻东华门。太后知事情已到最后关头，要跳水自杀，载澜拉住她衣服说，不如且避之，徐为后计。太后乃徒步涕泣而出，发不及簪，光绪穿着素服在后跟随之。隆裕、瑾妃及大阿哥等一同登车，王公大臣或骑马，或徒步，踉踉跄跄，形成一支千余人的扈从队伍，由景山西街出地安门仓皇西行。上午8时出西直门，天忽细雨，从者皆未携雨具，悉被淋透，其状萧索凄苦。"

地安门内大街两侧砌有上覆黄色琉璃瓦的红墙，一直往南延伸

郑振铎和女儿、外孙女

而去。在红墙中段偏南处建东、西对称的两座随墙街门，街门上覆黄色琉璃瓦，东侧的称黄瓦东门，西侧的称黄瓦西门。后来讹传为黄华门，现名黄化门。黄瓦门的功能是间隔皇宫、万岁山（景山）和内府机构的围墙，因其形制与皇城墙相同，故俗称内皇城。清代，设内务府管理皇室事务，废除由宦官掌控的内官十二监，黄瓦东门内始有住户。1947 年称黄化门大街，1965 年改称黄化门街。

在中华科技文化史上，有一批举足轻重的人物，像推进甲骨文研究的王国维、古脊椎动物学奠基人杨钟健、痴迷藏书的郑振铎等，都住在皇城内的胡同。他们身在胡同，心怀报国，为保护、继承和发扬祖国历史文化，为科学事业贡献了自己的一生。郑振铎先生住黄化门大街 17 号，他痴迷读书，也痴迷藏书，毕生藏书一万七千二百二十四部，计九万四千四百四十一册。他说："我的整理国故的精神便是：'无征不信'，以科学的方法，来研究前人未开发的文学园地。" 1958 年 10 月郑振铎因公殉职后，其妻高君箴及子女郑小箴、郑尔康继承郑振铎毕生为文化服务的精神，将全部藏书无偿捐献给国家，由北京图书馆（今中国国家图书馆）收藏。

黄瓦东门内原是明代司设监和尚衣监两个衙署之间的通道，为明皇宫二十四衙门和御用作坊及仓库集中地。黄化门大街的街南，明代依次是尚衣监、都知监、司礼监、尚膳监、印绶监、内府供用库、钟鼓司、汉经厂、番经厂；街北，司设监、安乐堂、巾帽局、针工局、酒醋面局、内织染局、火药局、皮房、纸房。清代革除旧制，前朝的太监衙门俱废，衙门的名称变成了相应的胡同名称，如今尚有保留。

司礼监成吉祥所

现嵩祝寺西巷、嵩祝寺北巷一带，为明代汉经厂和番经厂所在。清代改建为法渊寺、嵩祝寺和智珠寺。钟鼓司在嵩祝寺北，为二十四衙门的四局之一，掌管皇帝上朝时鸣钟击鼓以及演出内乐、传奇、过锦、打稻等杂戏。光绪时称钟鼓司胡同，今名钟鼓胡同。内府供用库掌宫内及皇帝陵墓等处宦官食粮以及御用黄蜡、白蜡、沉香等。民国时取吉祥之意，“内府”改“纳福”，名纳福胡同。内务府有蜡库、缎库、磁器库等供应库，在纳福胡同东口路北，今名腊库胡同。腊库胡同分为南北两条胡同，习惯上称为腊库南岔、北岔。南岔是用来收蜡同时制作宫蜡，制成的宫蜡存放在北边的库房，每天按时供应皇城内使用。腊库胡同对面铁匠营胡同，就是专门的制蜡模具作坊。

司礼监东邻纳福胡同。十二监中司礼监是明宦官二十四衙门的首席，在整个宦官系统中权势地位最高，时人称其“无宰相之名、有宰相之实”。明代历代擅政宦官如王振、刘瑾、冯保、魏忠贤等，均是司礼监太监。司礼监的职权主要有三项，一批答奏章，传宣谕旨；二总管、统领有关宦官机构；三兼任其他重要官职，如东厂提督、南京守备等。清代司礼监改成停放宫眷灵柩的吉祥所，吉祥所南北长两百多米，东西宽一百多米，四周有红墙围绕，院中央建厅房和配套群房，供停灵诵经使用。“凡宫眷薨逝，殡于此。”民国初年，吉祥所改名吉安所，吉祥所西夹道改名吉安所右巷，院东夹道改名吉安所左巷。吉安所北墙外清时称铁匠营，今名吉安所北巷。院南墙外紧靠民居，因该地曾有一口三眼水井，故名三眼井胡同，胡同中段与吉安所左巷南口相连。

吉安所左巷 8 号

吉安所左巷 6 号，20 世纪 20 年代古脊椎动物学奠基人杨钟健院士曾住此。杨钟健一生共发表专著二十多种、学术性文章五百多篇，为中国的古脊椎动物学、古人类学研究贡献了一切。

杨钟健和荣县峨眉龙肱骨

尚衣监在司礼监西，“掌造御用冠冕，袍服，履舄，靴袜之事。兵仗局之南，旧监库之北，即本监裁缝匠役成造御用之袍房也。又名西直房”。造袍服的作坊在北长街兵仗局南面的西直房，为皇上造鞋、帽、袜的作坊就在黄瓦门东南的尚衣监。其位置是在地安门内大街以东，黄化门大街以南，吉安所右巷以西，景山后街以北这一大片地方。清初废除旧制，这一带很多仓府、作坊移为他用。康熙时，《日下旧闻》作者朱彝尊，曾被赐居黄瓦门东南禁苑内。朱彝尊为赐居禁苑作诗曰：“讲直华光殿，居移履道坊。经营倚将作，婉转绕宫墙。对酒非无月，摊书亦有床。承恩还自哂，报国只文章。”20世纪50年代，在尚衣监旧址盖起绿色琉璃瓦大屋顶建筑，与地安门内大街西侧的高楼是一对孪生的姊妹楼，出自建筑名家之手。

慈慧殿太监私宅

北河胡同东起北河沿大街，西至东板桥街。东板桥坐落在东不压桥东南的玉河上，原为木板桥。《北京胡同志》记载：“东板桥街，清代属皇城，称内府大街。宣统时称东板桥，1947 年称东板桥大街，1949 年称东板桥街。此地原有一木板桥，横跨北河，街名由此而得，该桥于 1958 年拆除。”东板桥街北接北河胡同，南连纳福胡同，西通黄化门大街，东连织染局胡同，北部向西有东板桥西巷，中部东侧有东板桥东巷（不通行）。

东板桥东巷，明称酒醋面局，掌管宫内食用酒、醋、糖、酱、面、豆等物，清名酒醋面局胡同。北靠织染局胡同，南邻腊库胡同，东不通行，是呈东北向的死胡同。东板桥西巷，明时为巾帽局，掌管宫中内使帽靴、驸马冠靴及藩王之国诸旗尉帽靴，清代称巾帽局胡同。东板桥西巷东部，因明代由外地送来的民女，先在此地训练礼仪，然后送进宫去，俗称妞妞房。民国时称西妞妞房。1949 年后，与巾帽局胡同统称妞妞房胡同。1965 年整顿地名时改称东板桥西巷。现胡同内均为居民住宅。

明内织染局，职掌“染造御用及宫内应用缎匹绢帛之类”，今名织染局胡同，东西走向。其下属单位包括朝阳门外的生产场所外厂，以及建在城西北的颜料基地蓝靛厂。如今，朝阳门外的外厂已无端倪可寻，海淀区的蓝靛厂地名仍存。乾隆年间，将织染局“移万寿山之西，与稻田毗近，立石曰《耕织图》”，把机器上的“织染局”三个字也改用《耕织图》作为标识。织染局胡同北侧，明代时为火药局，今名火药局胡同，北通火药局一至六巷。29 号，旧门牌织染局 10 号，我国近现代在文学、美学、史学、哲学、古文字学、考古学等各方面成就卓著的学术巨匠，国学大师王国维出任清逊帝溥仪的“南书房行走”之时住此。

司设监在黄化门大街北，掌管卤簿、仪仗、帷幕、帷幔、雨具

织染局胡同

等。其衙署在慈慧寺，清称慈慧殿，在今北月牙胡同 11 号。寺中原有清康熙时石碑，上镌《清重修慈慧寺碑记》，碑文有“明宫监以梵宇为私廨”之句，系明代司设监首领太监的私宅。1949 年称慈慧殿胡同，1965年改称慈慧胡同。清初司设监毁，东部改建为帘子库，西部为民居。帘子库现名帘子库胡同，内务府曾在此设储存和制作帘子的库房。过去每到夏季皇宫内的宫殿都要挂上竹帘，既为挡住苍蝇、蚊子，同时也增添了皇族生活的神秘感。据说工匠先精选南方送来节距长、生长期为两年的上等慈竹为原料，经过刨青去节，锯段破竹，划片成篾，再经分丝匀丝等十几道工序抽成粗细均匀、色泽柔和、质地柔润的纤细竹丝做纬，用优质蚕丝搓线做经，然后再精工编织而成，故此称竹编帘。旧时皇宫里按皇眷的等级划分，最高级的可使用斑竹、香妃竹或细纱精制的帘子，上面常饰有吉祥美丽彩色的图案，如福寿禄禧或仕女或花卉的字画，即所谓的“湘帘”。清道光帝写有《湘帘》诗曰：“一桁垂银蒜，编成翠竹箩。篆烟留细处，草色看时多。月下纤无影，风前动有波。湘江遗趣在，夏永静如何。”

南长街通内官监

南长街和南池子在中轴线两侧左右对称，南长街中段的织女桥与南池子的牛郎桥也在金水河上遥相呼应，象征民间传说中的牛郎织女，让人津津乐道。清代废除内官衙门，在南、北长街周围形成不少东西向胡同，现为以传统居住形态为主的历史文化保护街区，是旧皇城传统风貌的重要组成部分。

织女桥跨东河沿

明代，南长街南段路东为宝钞司，宝钞司不是管钞票，而是负责造办粗细草纸。路西称灰池，种植瓜蔬，入秋在炕洞内烘养新菜，以备春盘�митиnah生之用。每年立春按民俗进生萝卜，名曰咬春。清代改建为南花园，园内杂植花树，凡江宁、苏松、杭州织造所进盆景，皆付灌植。秋时收养蟋蟀，至灯夜则置之鳌山灯内，乐罢忽闻蛩声自鳌山出。其余杂花奇树，不可名言，按时舁送各宫殿安放。

康熙年间，在南长街南口近中南海处，今北京六中和北京二十八中校址建南府。南府是清代掌管宫廷戏曲演出活动的机构，隶属内务府，曾收罗民间艺人，教习年轻太监和艺人子弟以为宫廷应承演出。这一机构上承教坊司、掌仪司，下启升平署，自至清道光七年（1827），历时一百四十年。乾隆年间建南府戏台，类似于故宫内的漱芳斋戏楼，但面积较大。上场门的上方砌城墙纹为城门式，下场门

南府戏台

为庙门式，即在门上方建屋宇顶，在上下场门的正中开有一庙门式的双扇门，其上也建屋宇顶，可以排演神鬼升天入地内容的戏。此地仅南府乐部及各项杂役人等居之，北面只有南府胡同与街西相通。清道光七年（1827），将外学撤销，艺人俱回原籍。又将十番学并入中和乐内，增设档案房，改南府为升平署，仍主持宫内演出事务。嗣后又兼管召选宫外艺人进宫当差演戏或充作教习的事务，直到清宣统三年（1911），历时一百六十二年。现升平署旧址珍藏的剧本、档案、戏衣、道具、剧照等，保存在故宫博物院内。

南长街中段，有外金水河出自中南海东墙，向东经织女桥流入中山公园，在红墙西南处转向东流，流入天安门前金水桥。因此段河上有织女桥，故称织女河。织女桥在明代又称鹊桥，约在东河沿胡同西北端口外。过去小河上一东一西有两座桥：东面即是织女桥，南北走向，为汉白玉砌成的单孔圆拱桥，俗称罗锅桥，织女桥的桥体坚固，桥上可通行汽车；西面的是小木桥，不胜承重。民国时开通南长街南头的皇城城墙，新修筑的南长街恰好通过织女桥，因桥妨碍交通被拆，其桥已埋于地下。伴随织女河的有两条胡同：南长街到中南海西墙之间称“小桥北河沿”；织女桥东，沿着中山公园墙向东、向南，再向西接南长街南口的一条弓形的胡同，全称“织女桥东河沿”。如今在织女桥东河沿北口，尚有两株枝繁叶茂的老槐树，树干直径一米多，树周围有铁栅栏保护，其树龄有五百多年。

织女河北，街东御用监，掌管造办御用围屏、床榻等木器及紫檀、象牙、乌木、螺钿等玩器。街西银作局，掌打造金银器饰。

北长街建福佑寺

西华门大街原名西苑门大街，东西走向，东起紫禁城西华门，西至中南海西苑门，中与南、北长街相交，全长二百七十二米。西苑门原是中南海的正门（东门），与紫禁城的西门西华门相对。清代帝后游幸皇家园林西苑，多由西华门而出。袁世凯称帝时，中南海曾改名新华宫，同时拆除宝月楼外墙更名为新华门。从此，新华门取代西苑门成了中南海的正门。清初废除内官衙门，在西华门里设内务府，代替明代的太监衙门，总管在满洲文武大臣或王公贵族中遴选，掌管皇家的一切内部事务。内务府署下设三院、七司，有会计司署、掌仪司署、都虞司署、慎刑司署、营造司署、庆丰司署、奉宸苑等，大都分布在北长街。允许为皇帝和皇子讲课的翰林院侍讲，以及内务府上三旗的军民在这里居住。到乾隆年间，西华门大街两侧已经出现不少规则的东西向胡同。现为以传统居住形态为主的历史文化保护街区，是旧皇城传统风貌的重要组成部分。

北长街南起西华门大街，北至景山前街，因地处紫禁城西华门外之北而得名。街内有福佑寺、万寿兴隆寺、昭显庙、静默寺遗址。明代设有尚宝监、鹰坊司、兵仗局。尚宝监在西华门大街北，掌管宝玺、敕符、将军印信，清为会计司署。兵仗局在北长街北口，掌造军器，包括刀枪、剑戟、鞭斧、盔甲、弓矢等各类兵器，清为庆丰司署。福佑寺在北长街北口路东，始建于清顺治年间，黄瓦红墙，三进院落，为皇家寺庙，清圣祖玄烨在紫禁城外的避痘处。胤禛幼年时，为防止出痘，也曾经在保姆的照顾之下住在这里。雍正元年（1723），将康熙帝潜邸改成福佑寺雨神庙，后殿供奉康熙帝的牌位。雍正元年

（1723），准备将此处分给宝亲王（即日后的乾隆帝）为王府，但未迁入。乾隆帝继位后改为喇嘛庙，亦名福佑寺。1927 年改为西藏班禅驻北平办事处。现为中国民族博物馆。

昭显庙，俗称雷神庙，是昔日皇家祭祀雷神之所。早年，云雨风雷四神统一于天坛祈年殿内祭祀。后因北京城风雨雷电灾害频发，皇帝颁旨，皇城之内分别建设风雨雷神庙。相传，主事者以两个理由奏明皇帝。一是北京雷雨多首发于西北方向，伴随着西北方向向东南

北长街内万寿兴隆寺

方向对流的强风，既然雷电是由西北方向袭来的，所以将雷神庙选址于皇宫的西北方向的北长街。二是古人认为北长街为北京的龙脉，在此建造雷神庙，有龙则灵，龙能造水，水能克火。过去，在雷神庙北边有条小胡同，叫雷神庙夹道，民国初建有教育会，老舍先生曾在此任职，后改名为教育会夹道。

内官监谐音恭俭

石作胡同在北长街北口外，南起景山前街，北止陟山门街，东临大高玄殿，西近北海，原系明内官监职掌石作所在地。石作胡同西宽东窄，宽者称大，窄者称小，后析为大、小两条胡同，小石作胡同现并入景山前街。明万历至崇祯年间皇城图上，在大高玄殿之西标为石作，为生产各种建筑石材的作坊。《日下旧闻考》载："大高玄殿稍西曰石作，有阁。"补注条载："石作阁今废，仅存大小石作之名。"清乾隆十五年（1750）《京城全图》，已标有石作胡同。

景山西街南至景山前街，北起景山后街，民国时名西板桥大街。今景山西街南口偏东，景山前街和浴蚕河明渠交汇处，原有东西走向南北并列的两座单孔石拱桥，名鸳鸯桥。《明宫史》载，此桥一半为石砌，另一半为砖垒，石耐磨损专供行车。南桥设有水闸，系紫禁城河道的水源。此二石桥早已埋于地下。

大高玄殿在鸳鸯桥西北，是明清两代规格最高的皇家道教建筑群。1996 年被列为全国重点保护文物单位。因大高玄殿有三座拱券式殿门，该地旧称"三座门"。大高玄殿前，在东、西两面各有一座四柱三间九楼（九个屋檐）的大牌楼，上嵌汉白玉石匾，双面都有题词。东牌坊正面题“孔绥皇祚”，背面题“先天明境”。西牌坊正面题“弘佑天民”，背面题“太极仙林”，相传是严嵩的书法。在牌坊间还有两座习礼亭，东阁称“阳真阁”，西阁称“阴灵轩”，钩檐斗桷，很像故宫的角楼，人称九梁十八柱。清雍正八年（1730）重修大高玄殿，并在东、西二阁之间偏南处增建南牌坊，石匾正面题词“乾元资始”，背面题词“大德曰生”，用典出自《易经》的乾、坤二卦。通常牌坊两面都撑有“八”字形的斜向戗柱，但大高玄殿的牌坊采用粗大的楠木立柱建成，柱脚在地下埋得很深，不需要在牌坊两面用斜向戗柱。所以老北京曾有一句歇后语叫“大高玄殿的牌坊——无依无

大高玄殿建筑群

大高玄殿

靠”。2004 年，在筒子河北岸重建大高玄殿南牌楼，使筒子河畔又增加了一处新景。

恭俭胡同坐落在北海公园后门与地安门之间，北起地安门西大街，即原皇城根；西邻北海墙之下的一条窄巷，称北海北夹道。有人说其名出自《论语》。《论语·学而》中有：“子贡曰：‘夫子温、良、恭、俭、让以得之。夫子之求之也，其诸异乎人之求之与？’”子贡赞叹孔子具有温和、良善、恭敬、节俭、谦让的品德。恭俭胡同便取其中的“恭俭”二字而名。不过恭俭胡同的得名，与孔子没有一点关系，该地原是明皇城内的内官监。内官监相当于外廷的工部，《明史·职官志》载，内官监是明内廷二十四衙门之一，相当于外廷的工部，“掌木、石、瓦、土、塔材、东行、西行、油漆、婚礼、火药十作，及米盐库、营造库、皇坛库，凡国家营造宫室、陵墓、并铜锡妆奁、器用暨冰窨诸事”。入清后称内官监胡同，民国时以“官监”谐音为“恭俭”。

恭俭胡同周围的地名，多与内官监管辖的十作有关。胡同西侧有恭俭一巷至五巷，恭俭一巷原称内官监。因旧有四眼井（井口有四孔），民国后改称四眼井。米粮库在地安门内大街路西，后“盐”讹为“粮”，清代改米盐库为米粮库胡同。民国时期米粮库胡同是著名文化人的聚居地，撰写《燕都丛考》的陈宗蕃住此，胡适曾住米粮库胡同4号。米粮库北有油漆作胡同，内官监所辖油漆作于此。再北西楼胡同，原称地安门西夹道，为地安门西侧的小巷。西楼胡同东口北端有雁翅楼。

府右街曾是皇城

府右街南起西长安街，北至西安门大街。明代，府右街北段为皇城，南段有石厂街和灰厂街，系皇城西城墙外通道；府右街南端称皇城西南角，其西为夹道街，南北不能通行。今灵境胡同东段往北的一片地带，早年都是皇城以内的范围。1913 年在灰厂基础上，向北拆除巧机营、新开路、三眼井胡同，辟成南北通道，因位于中南海总统府之右，故名府右街。

旧灰厂仪亲王府

灰厂在府右街南，明成化十三年（1477）在此设有西厂。西厂是明朝特有的官署名称，是直接听命于皇帝，不受其他任何机构和个人节制的特务机构，全称“西缉事厂”。朝廷任命御马监汪直为提督，以旧灰厂为厂署总部，军官主要从锦衣卫中选拔，人数要比东厂多出一倍。明陆钱《病逸漫记》载："京师有妖尼，上遣内官汪直出主灰厂，鞫之后，即以灰厂为西厂。"汪直以西厂为据点，勾结朝官结党，有秘密捕人、杀人之特权，威倾天下。西厂特务遍布京城，甚至到江南一带，其权势在锦衣卫和东厂之上引起朝野反对，后被迫撤销。武宗时大宦官刘瑾专权，又恢复西厂，刘瑾倒台后撤销。

府右街南部137号，为清仪亲王永璇府邸旧址。《啸亭续录》载："仪亲王府在长安街，系耿仲明宅。"这里原为靖南王耿仲明府邸。耿仲明之孙耿精忠因"三藩之乱"，于清康熙二十年（1681）被处死，宅邸被查收，赐给永璇。永璇是乾隆帝第八子，乾隆四十四年（1779）三月封仪亲王。府邸建筑坐北朝南，分为东、中、西三路。东部随灰厂街(府右街)走势为一条斜线，西至荷包巷。府门在东南角，东部为府邸，西部为花园，中路有宫门、正殿、左右翼楼、寝殿及东西配殿、后罩房等五进院落。原有房屋二百五十三间，院宇宏大深邃，林亭尤美。清末在该府址建邮船部、财政部。今府右街南口以西，包括今北京电报大楼周围，皆属其范围。

1921年，前总统徐世昌在府右街南口东侧建私立四存中学，取"存学、存性、存人、存治"之意，校训是"尚实习、尚实学、尚实行"。着重求实精神，理化、生物实验室设备比较好，课程不仅中西兼备、古今俱全。一、二年级所学的代数、几何、三角以及外国历史、地理，均用英文课本，外加中国传统文化《左传》《诗经》《十三经注》。自选课有武术、钢琴、古乐、京剧、西洋音乐与绘画等，均有名师指导。1936年全市国文会考，四存中学学生包揽了前六名，

四存中学校门

为嘉奖四存中学在全市国文竞赛中取得的佳绩，张学良将军特赠银盾一尊，上有题字：“会我以文”。银盾现存八中文档室。四存中学著名校友有中国科学院院士两弹元勋邓稼先，中国科学院院士、物理学家林家翘，中国科学院院士、火箭科学家梁守槃，著名数理逻辑专家吴允曾，文物鉴定专家谢辰生，等等。1949 年与北平八中合并为北京市第八中学，1951 年迁至按院胡同。

灵济宫最宽胡同

李阁老胡同今名力学胡同，东起府右街，西至横二条。阁老是一种尊称，历史上阁老之称最早见于唐代，武则天时狄仁杰被封为凤阁鸾台平章事，官位相当于宰相，故称阁老。明清时，泛指内阁大学士。李阁老胡同内曾住过两位阁老，一位是明英宗、宪宗时的一代名相李贤，李贤举贤任能，以惜人才开言路为急务，为人耿介忠直，英宗遇事必召李贤。今河南邓州市姚营村有“明宰辅李贤之墓”，称“阁老坟”。另一位是稍晚的明中叶重臣李东阳，明天顺进士，官至吏部尚书，文渊阁大学士，入内阁，而年长称阁长。立朝五十载，清廉不渝。有人曾认为，李阁老胡同因李东阳赐第在此而得名。但《长安客话》载：“李文正东阳赐第，在灰厂小巷李阁老胡同。”灰厂小巷，即今府右街。看来李东阳赐第前，已有李阁老胡同。

清光绪二十九年（1903）一月，京师大学堂增设进士馆，培养新进士成为“果、达、艺”的优秀从政人才，校址设在李阁老胡同西段，清代末科状元刘春霖曾入馆学习。光绪三十二年（1906），清廷诏准废除科举制，进士馆改为京师政法学堂，为北平大学法学院前身。

灵境胡同因灵济宫而名。东起府右街，西至西单北大街，中与枣林大院、西黄城根南街、东斜街、新建胡同、背阴胡同相交。目前最宽处32.18米，全长664米，是北京最宽的胡同。1949年后，灵境胡同与黄城根合并，两段合并统称灵境胡同。据《帝京景物略》，明永乐十五年（1417），皇帝朱棣患病，夜间入睡，梦见南唐江王徐知证、饶王徐知谔二兄弟前来授药，不日其病即愈。皇帝甚为感激，于是下令为其建宫祀，封其为玉阙真人、金阙真人，赐名为灵济宫。每逢初一、十五、立冬、夏至等节令，皇家要派大臣前往烧香祷告，祭祀真人。凡有重大朝会，文武百官也要先到此聚集，习仪演练。有时，大臣患病，也常到此祭祀，以求真人保佑。明崇祯十五年（1642）有大臣向皇帝写了一个奏章，说灵济宫供奉的两位真人是叛臣之子，不宜受朝臣跪拜，请示用帐幕将塑像遮盖，停止祭祀活动。崇祯帝认可了这个奏本，从此灵济宫衰落。

明代，灵境胡同分为东西两部分，东部称灵济宫，清代称灵清宫；西部因街南系宣城伯卫颖宅园的后墙，又称宣城伯后墙街。据说，宣统帝师、太傅陈宝琛曾住在此，每天进宫为小溥仪授课。1911年后，以西黄城根为界，西段谐音为灵境胡同，东段称黄城根。八宝坑位于其西部北侧，为南北走向的死胡同，因地势低洼卫生差，原称巴巴坑，后谐音雅化称八宝坑。

张自忠将军故居

西椅子胡同北起东红门胡同，东通府右街，西不通行。始见于清代，因形得名。胡同内 15 号（今府右街丙 27 号），是抗日名将张自忠将军故居。故居坐北朝南，由东、西两个院落组成。西院由南北门房、南房、北房和东西厢房组成；东院由南房、东耳房、北房和东西耳房组成，院内设有张自忠将军纪念碑一座。1948 年，其子女遵从张将军“我的遗产不给子孙，拿出来办社会福利事业”的遗言，在故居创办“北平市私立自忠学校”。北侧自忠小学分校原为明代云机庙旧址，清雍正九年（1731）建永佑寺，祭祀城隍之神。主要建筑坐北朝南，外垣门朝东，依次有影壁墙、山门、钟鼓楼、雨神殿、中殿及后殿。民国初年，英敛之先生曾在此创办秀贞女校，后一度改名为培根

张自忠

小学。

光明胡同在府右街西，北起西安门大街，南至东红门胡同。清代称光明殿胡同，简称光明殿，因胡同西有大光明殿而得名。大光明殿建于明嘉靖三十六年（1557），内奉玉皇大帝，为皇家大型道教活动场所。嘉靖帝痴迷道教，信奉方术，封道士陶仲文为少保、少傅、少师，在此为他修炼“内丹”。清初，顺治帝在临终前安排索尼、苏克萨哈、遏必隆、鳌拜四大臣为顾命大臣辅佐年幼的福临。四大臣曾在大光明殿焚香盟誓：“协忠诚，共生死，辅佐朝政。”乾隆年间，大光明殿重新修缮，并御制光明殿诗：“今日三清境，前朝万寿基。”清光绪二十六年（1900），八国联军攻陷北京，大光明殿遭报复性焚毁。

惜薪胡同位于西安门内大街南侧，西什库教堂对面，南北走向，北至西安门大街，南至西红门胡同。明惜薪司衙署驻此，“管宫中所用柴炭，及二十四衙门、山陵等处内官柴炭”。清代“悉除明制，惟内廷柴炭于此关支”。惜薪司下设三个机构：一为热火处，一为薪炭处，一为烧炕处。职掌薪柴木炭供应，以及火盆保养与分发等。皇宫内有许多大型的防火缸，冬季为防止水缸里的水冻冰，水缸下要设置炭火盆加热保温，还有守夜打更之事，惜薪司也要负一定的责任。

明正德三年（1508），“立内厂，刘瑾领之”，改内、外厂为内、

府右街北京市自忠小学二分校

外办事厂。内厂，又称大内行厂，职责为监视官民和厂卫，由司礼监太监刘瑾统领，设于北京荣府旧仓地，即四司之一的惜薪司。大内行厂权力极大，就连当时已横行于世的特务机构东、西二厂都在侦缉之列。有人写匿名信告发刘瑾，他就以皇帝名义下诏让百官于烈日之下，在朝门之外罚跪一天，致使年迈者暴晒而死。令官吏军民谈虎色变，视宦官如虎狼。明正德五年（1510），刘瑾以谋反罪被杀，西厂、内厂被撤销。该地改称惜薪司胡同，简称惜薪司。在胡同的中部西侧，有先东西后拐向南北的西岔胡同，曾名惜薪司西岔；再向南的西侧有双吉胡同。惜薪胡同南部分为两岔：向东拐是西红门胡同，向西为图样山胡同。

黄瓦红墙西安门

西安门是明清北京皇城西门，七楹，歇山顶，黄色琉璃瓦，位于今西什库大街南口偏西。1950年焚于火。清光绪《顺天府志》记载：西安门外以西，称西安门外大街，以东至今北海大桥称西安门大街。民初《燕都丛考》犹沿其称。大街两侧分布着老北京具有代表性的胡同街巷，如西黄城根北街、西黄城根南街、西什库大街、颁赏胡同、惜薪胡同、真如镜胡同等，具有较高的历史文化价值。

古传绝艺刘銮塑

府右街以东到北海公园一段称文津街，街北为国家图书馆南区分馆，元兴圣宫、明玉熙宫旧址。明嘉靖帝崇信道教，经常来玉熙宫做醮供（道教活动），皇家也经常在这里演戏。万历帝时，选近侍

西安门

两百名，在玉熙宫学习官戏，岁时升座，则承应之。各有院本，如《盛世新声》《雍熙乐府》《词林摘艳》等。清时改为内厩称御马圈，后名小马圈。清宣统元年（1909），清政府学府部奏请筹建京师图书馆，主要用于收藏善本书等古籍，馆址在今地安门外什刹海广化寺。1926年，租用北海公园内庆霄楼、悦心殿、静憩轩等处建筑。1929年，在御马圈旧址奠基建北平图书馆，因收藏承德避暑山庄文津阁内的四库全书，改门前街名文津街。主楼前庭院中的华表一对，原是圆明园安佑宫大门内的饰物，经当时政府批准，从圆明园中迁移到这里。

文津街3号，北京图书馆主楼西侧建有静生生物调查所。范静生生于清光绪元年（1875），卒于1927年，湖南湘阴人，是梁启超的得意门生。百日维新失败后，逃亡日本。1916 年，时任中华民国教育总长的范静生和国立北京大学校长蔡元培聘请陈独秀为北京大学文科长，聘请朱希祖为文科讲师，李大钊为图书馆主任，辜鸿铭为英文教授，诸多贤达齐会北京大学，北京大学最终成为新文化运动的发祥地。1918 年冬，范静生与张伯苓、严修一同赴美国考察教育，回国后即致力于南开大学的创办。范静生生前热衷生物学研究，死后其弟范旭东捐款，于 1928 年 4 月创办静生生物调查所。1950 年 6 月 23 日，中国科学院院址迁至北京文津街 3 号静生生物调查所原址。当时一些世界知名的科学家，像郭沫若、李四光、竺可桢、钱三强、苏步青、周培源、江泽涵、华罗庚、许宝騄等，都在这里办公。中华人民共和国成立初期科学界的许多大事，诸如创建新的科研机构，争取钱学森、赵忠尧回国，制定科学远景规划、研制“两弹一星”等，都在这里开始筹划并组织实施。

养蜂夹道在北图西侧，过去叫羊房夹道，明设内安乐堂。凡宫人病老或有罪者，先发到内安乐堂，待年久再发皇城外之浣衣局。明代，年长宪宗十七岁的万贵妃专宠善妒，凡有孕的妃子和宫女都受到她的迫害。宫中女史纪氏颇有才德，召幸之后受孕。所幸宫女瞒报孕情，万贵妃只将纪氏贬至内安乐堂。纪氏在宫女和太监张敏保护下生了朱祐樘，也就是后来的明孝宗。张敏惜皇帝无子嗣，将孩子抱至他处抚养。直至六年后的一次偶然机会，朱祐樘才回到皇城认父，纪氏受封为妃子，移居至永寿宫。朱祐樘十七岁继承皇位，年号弘治。他主政的十八年力挽危局，清宁朝序，恭俭有制，勤政爱民，史称“弘治中兴”。

1946 年 7 月，钱三强（左一）、何泽慧（左二）、周培源（右二）、王大珩（右一）剑桥物理集会合影

刘兰塑胡同，南北走向，位于西安门大街以北至草岚子胡同。元代在胡同北口有座叫“元（玄）都胜境”的寺观，寺中正殿供着玉皇大帝塑像，左殿供着三元帝君像。这些塑像栩栩如生，生动传神，为元代刘元塑造。清朝改称天庆宫，刘元这位塑像专家的名字也被众口误传成刘兰或刘銮，因为“兰”与“銮”都与“元”的发音相近，遂名刘兰塑胡同。在中国历史上，雕塑家被视为匠人，刘元不但留下了姓名，且在北京市中心有一处以他的名字命名的胡同，真是弥足珍

贵了。清人有诗赞曰:“天庆神模哲匠心，仪容肃穆殿森沉。古传绝艺刘銮塑，元代称名直至今。”

北京过去有三条牛圈胡同，一条在西城，一条在朝阳门大街，还有一条在棋盘街东的户部街。西城的胡同在当地称牛圈，在今厂桥地区，与明代饲养御马的草料厂“御马仓草栏”相近。草栏谐音草篮子，后演绎为草岚子，1949 年后定名为草岚子胡同。1931 年，北平司法部门在这里设置临时看守所，虽几经演变，仍俗称草岚子监狱。草岚子胡同南北曲折走向，南端西折接刘兰塑胡同。牛圈在草岚子北段。1965 年并入草岚子胡同。1990 年开始拆除，并入西什库大街。

西什库皇家库房

明代在北京皇城西北角以内，隔皇城西墙离大坑较近建有皇家仓库十座，名西什库。清末至民国南段称西什库，中段称西什库东夹道，大红罗厂街迤北称后库。西什库内的十座库为：甲字库、乙字库、丙字库、丁字库、戊字库、承运库、广盈库、广惠库、广积库、赃罚库。《明史·食货志·仓库》记载:“内府凡十库：内承运库，贮缎匹、金银、宝玉、齿角、羽毛，而金花银最大，岁进百万两有奇。广积库，贮硫磺、硝石。甲字库，贮布匹、颜料。乙字库，贮胖袄、战鞋、军士裘帽。丙字库，贮棉花、丝纩。丁字库，贮铜铁、兽皮、苏木。戊字库，贮甲仗。赃罚库，贮没官物。广惠库，贮钱钞。广盈库，贮纻丝、纱罗、绫锦、绢。”

清光绪十四年（1888），由清政府出资，在已废弃的西什库旧址建西什库教堂，是北京规模最大的一座教堂，又称北堂。该教堂原建在中南海紫光阁以西蚕池口，称蚕池口教堂。清中叶以后，屡起教案。清道光七年（1827）清廷籍没教堂并拆除大堂。第二次鸦片战争后，又被迫归还教堂产业，同意重建。光绪十四年（1888），慈禧扩建中南海，经与罗马教廷磋商，赔地赠银，将教堂迁此。光绪二十六年（1900）庚子之乱中，义和团团民一万多人包围并进攻北堂，教堂受到严重损坏。庚子议和后由清政府赔偿出资重修。西什库教堂是一处中西合璧的建筑，教堂的主体建筑为一座三层哥特式建筑，顶端共由十一座尖塔构成，建筑平面呈“十”字形。2006年6月被列为第六批全国重点文物保护单位。

明代，皇室机构臃肿，除在皇城内设置二十四衙门外，还在皇

西什库教堂

中西合璧的西什库天主堂

城外建有大量为它们服务的单位。《京师五城坊巷胡同集》中称："积庆坊四铺：有红罗厂、战车厂、太平仓、惜薪司。"太平仓南有红罗厂,《明宫史》载："凡宫中所有红罗炭者，皆易州一带山中硬木烧成，用红土刷小圆荆筐盛之，运至红罗厂，故名红罗炭也。"明清两代，宫中及内官衙门取暖全靠木炭。上等木炭产于河北涿州、通州、蓟州、易县等地，用硬质木材烧制而成，乌黑发亮，燃烧耐久，火力旺盛，无味，无烟。木炭到京后，在红罗厂按尺寸截短，用小圆荆筐装好，外刷红土，名红罗炭。如今在西黄城根北街，尚有大红罗厂街、大红罗厂南巷，即因此处曾有供应红罗炭的衙门而得名。红罗厂是外厂，惜薪司是内厂，红罗炭由内厂惜薪司负责分发。明代北京有四个惜薪司，惜薪司在西安门内大街南侧，惜薪司北厂西邻太平仓、东邻战车厂，惜薪司南厂在宣武门外老墙根，惜薪司西厂在复兴门内城隍庙东。

地安门西城根今名地安门西大街，东起地安门外大街，西至西四北大街。因位于地安门之西，故名。地安门西大街地处明清时北京皇城北墙外侧，明时称皇城北大街，清乾隆时称地安门外西城根，清光绪《顺天府志》亦作地安门外西城根。城指皇城，因在城脚下，俗称城根。清光绪三十三年（1907），把地安门外东城根和西城根修成碎石路面。光绪三十四年（1908）,《详细帝京舆图》以其位于地安门之西，又作西皇城根。1926年北伐成功，北京的街巷出现改名热潮，西皇城根也未能免。易"皇"为"黄"，名西黄城根，以示革命。1947年拆除平安里的房屋打通道路，修成6米至7.6米宽的路面。

平安里前世今生

明代，平安里一带为广平侯袁容府。如果从西皇城根西行，必须绕道护仓胡同北折，经麻状元胡同（今群力胡同）方能抵达新街口南大街。袁容的父亲袁洪跟随朱元璋开国有功，被封都督。袁容子承父职，并被朱元璋指定迎娶朱棣的女儿永安公主。朱棣发动“靖难之役”，袁容跟随着朱棣作战，“经营调度，应机决策，缮修备御，屡立大功，特进光禄大夫驸马都尉广平侯”。成化年间袁家已经失爵，时遇明宪宗朱见深佞佛，令宠宦梁方“相度地基”建永昌寺。袁容的后人连忙托请梁方，愿献宅建寺以袭侯位，得到皇帝批准。当年冬，由工部尚书谢一夔督建，在广平侯宅第旧址上兴建皇家寺庙大永昌寺，“既又市其旁民居数十家，大兴工役”。

不过大永昌寺并没有存在多长时间。第二年宪宗崩，孝宗朱祐樘即皇帝位，以次年为弘治元年。朱祐樘躬行节俭，励精图治，任用为人正直的大臣，斥诸佞幸太监梁方及其党，革去那些所谓法王、佛子、国师、真人封号，把大永昌寺改为内府储存石料的仓库新石厂。明正德五年（1510）为户部管辖的京师官仓，东起今护仓胡同，西抵西四北大街，北始麻状元胡同，南达太平仓胡同，明武宗朱厚照赐名曰太平仓。

明武宗正德皇帝是位个性突出，甚至胡作非为的人。他好骑射，常微服出宫游猎。在兵痞出身的江彬劝诱之下东西游幸，“掠良家妇女数十车，日载以随”，甚至连寡妇也不放过。太平仓本是由明武宗亲自赐名的仓房，但第二年他脑袋一热，就把太平仓赐给干儿子永寿伯当住宅。没过两年，明武宗想过过当将军的瘾，于是“(正德）八

庄亲王载勋

年三月，改太平仓为镇国府”。下诏选调大同、宣化两府数万精兵，直接驻扎在镇国府内，“后乃自封镇国公”。正德十六年（1521），武宗崩于京师豹房。明世宗朱厚熜登基，“遗诏遣还各边军”，才把几万边军遣还宣府。第二年，即嘉靖元年（1522），“改镇国府仍为太平仓，命总督仓场官管理”。

清兵入关后，废弃太平仓，改建承泽亲王府。承泽亲王是顺治第五子硕塞。硕塞去世后，长子博果铎袭封，改号庄，时称“大王”。博果铎无嗣，康熙帝要了个心眼儿，把自己的十六子允禄过嗣给博果铎，允禄袭爵后称庄亲王府。庄亲王府有宫门五开间，内有东西配殿各五间，银安殿七间，建在月台之上。王府南门在太平仓胡同，胡同东西两侧各建阿斯门，把太平仓胡同圈入王府的地盘。南侧毛家湾有庄亲王小府，住庄亲王的家人。清光绪二十六年（1900）春，慈禧太后发布维护义和团的诏令，第十代庄亲王载勋统率京津义和团王大臣，设神坛于府内。八国联军窃据北京后，烧毁王府，只有后院得以保存。在列强“索办罪魁”声中，光绪二十七年（1901）正月，以“庇拳启衅”罪名，赐载勋自尽。

太平仓胡同

辛亥革命后，旗人被断了俸米、俸银，处境艰难。20 世纪 20 年代初，末代庄亲王溥绪因财源断绝，仅以二十万银圆的价格将王府卖与天津军阀李纯与其弟李馨。溥绪字菊隐，民国后隐去了皇族的姓氏以庄为姓，称庄清逸。溥绪酷嗜京剧，能登台演出。后以编剧为谋生手段，其剧本多由杨小楼、尚小云、程砚秋、高庆奎、马连良等名伶排演，剧作数量达六十多种，被称为“戏王之王”。李纯家听说豫王府挖出金窖，将庄王府的地上建筑尽数拆除，把砖瓦、木料运到天津建了李氏祠堂，称“津门庄王府”，现辟作南开人民文化宫。李在原址另建平安里、志兴里等处房产七百余间，设平安里经租处负责出租。平安里在庄王府南部，为中西合璧式房屋，今太平仓胡同北侧尚存中西合璧式门，女墙上镌“平安里”。后因修路将庄王府中部贯穿成街，称平安里大街，现为平安大道的一部分。

第五辑

漫步北段中轴线

除夕之夜打灯笼 方砚绘

东单西四鼓楼前

北京过去有句老话“东单、西四、鼓楼前”，说的是北京前门大街以外最繁华的三大核心商业区。旧时地安门外大街分为两段，以万宁桥（后门桥）为界，以北至鼓楼，明称鼓楼下大街，因在鼓楼之下而得名，清光绪《顺天府志》称鼓楼大街；以南称地安门外大街。现地安门以北统称地安门外大街。街上有许多古迹，如万宁桥、为宝书局（现为新华书店地安门店）、旧式铺面房（现为瑞蚨祥地安门店）等等。万宁桥下，御河流经该大街。大街东侧是横平竖直的传统胡同，住宅以古色古香的四合院为主；西侧是元大都漕运的终点，斜街胡同围绕着碧波荡漾的什刹海环湖而建。由元代漕运码头和明清皇城后市兴盛起来的鼓楼商业街，最有老北京风情的南锣鼓巷，风光秀丽的什刹海，是保护旧城整体风貌和沿中轴线对称格局不可缺少的地段，现为京城集商业餐饮、休闲赏景、文化娱乐于一体的旅游热点地区。

地安门外大街

典雅的为宝书局

积水潭北岸的斜街市到钟鼓楼一带，在元代就是一个发达的商业中心，明代商业中心移到正阳门内外，钟鼓楼商业区的中心也移向鼓楼前的地安门外大街一线。清军入关后，实行满人居内城，汉人居外城的政令。八旗当中，正黄、镶黄、正白为上三旗。正黄旗在德胜门内，东界鼓楼大街，南界西直门大街，西北到城根；镶黄旗在安定门内，西界鼓楼大街，南界东直门大街，东北到城根。鼓楼大街两侧成为皇帝亲自统辖掌管的正黄旗、镶黄旗居住地。什刹海南邻大内，环境幽美，自然成为兴建王府、官宦宅院和花园的首选之地。

清《天咫偶闻》载："地安门外大街最为骈阗。北至鼓楼，凡二里馀，每日中为市，攘往熙来，无物不有。余居板场胡同时，暇尝游此。其地西邻海子，行所必经。门外有酒家，二三知己，小酌清言，直不知身在人海。曾联有‘四座了无尘事在，八窗都为酒人开’之句。”这里的老北京味不同于喧闹的大栅栏，也有别于天桥的市井风格，它的京味更多地表现为悠然自得的休闲文化。肉铺、酱菜园、棉花店、南纸店、中药铺、西药房等各种店铺开满街面，驰名京城的如天汇轩大茶馆、宝瑞兴酱菜店、谦祥益北号、聚茂斋靴鞋铺、吴肇祥茶庄、北豫丰烟铺、庆和堂饭庄等。后门桥北的合义斋、福兴居两家灌肠铺名气很大，老北京有“都一处的烧麦、会仙居的炒肝、穆家寨的炒疙瘩、后门桥的灌肠”之说。可谓市民生活所需一应俱全，与众不同的还有古玩、字画、曲艺和那渐行渐远的“老礼”。

辛亥革命后，宫中书画器物等，由太监和内务府人员偷出的不在少数，太监们出神武门，距离最近的销赃处就是后门大街。于是后门大街便因地利之便，开有奇珍斋、宝文斋、聚珍斋等多家古玩店，其中最有名的当数品古斋。北城的王公将相宅第很多，落魄的纨绔子弟以及管家们也都把品古斋当作销售场所，以至于琉璃厂和东四一带的古玩铺也时常到这里来找俏货。

品古斋在桥南路西，我国近代发生的蔡襄《自书诗卷》、三希堂《中秋帖》和《伯远帖》两大“名帖事件”都与它有关。蔡襄《自书诗卷》是蔡襄诗稿的一部分，作于北宋皇祐二年（1050），正是被召自福建重归都城汴京的中途，通篇不掩快意，流畅自然，被后人评为“此公第一小行书”。一代大师朱家溍先生在《从旧藏蔡襄〈自书诗

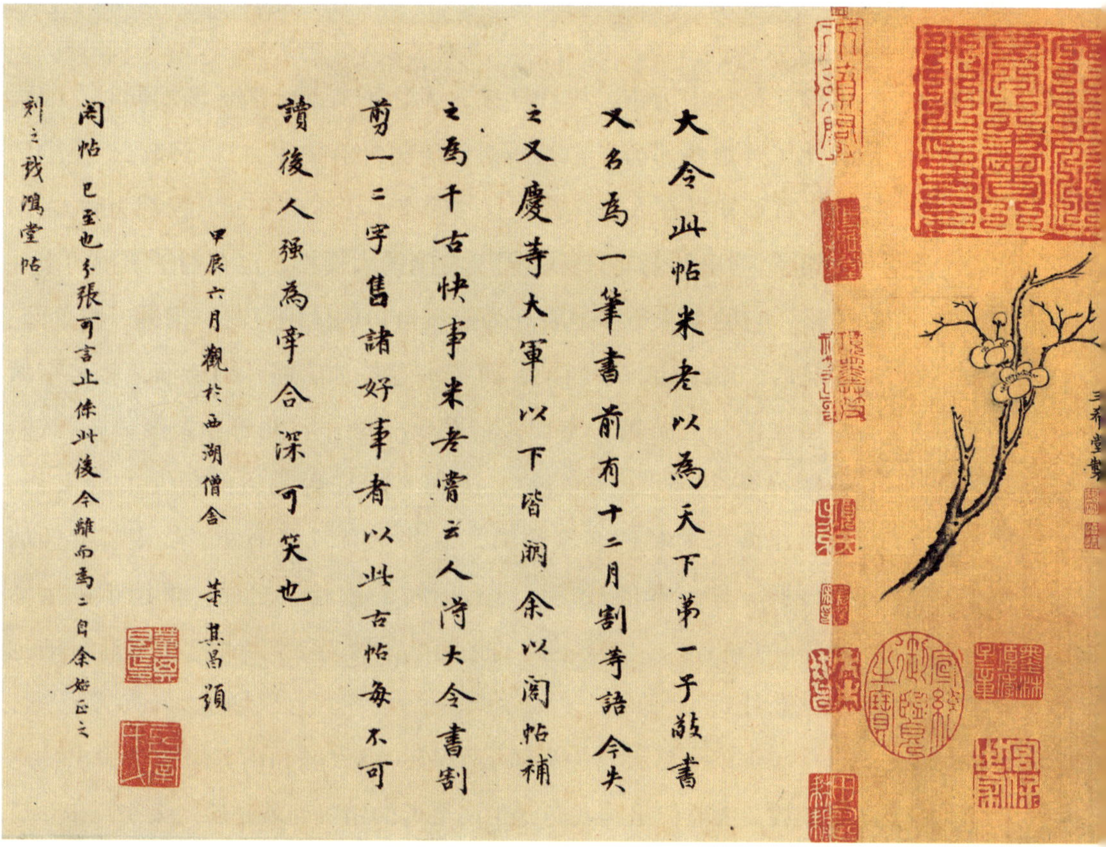

《中秋帖》局部

卷〉谈起》一文中说：“蔡襄此帖想当然也是被太监们窃出的。”“蔡襄此帖就是当年‘品古斋’郑掌柜送到我家的，先父看过后以五千银圆成交。”“此帖在朱家收藏了二十余载后，转让与张伯驹先生。又十数载，张先生将其随展子虔《游春图》、陆机《平复帖》等名迹一起捐献国家。自此以后，蔡襄此帖便入藏故宫博物院。”

《中秋帖》和《伯远帖》是故宫流失的稀世珍宝三希堂三帖中的

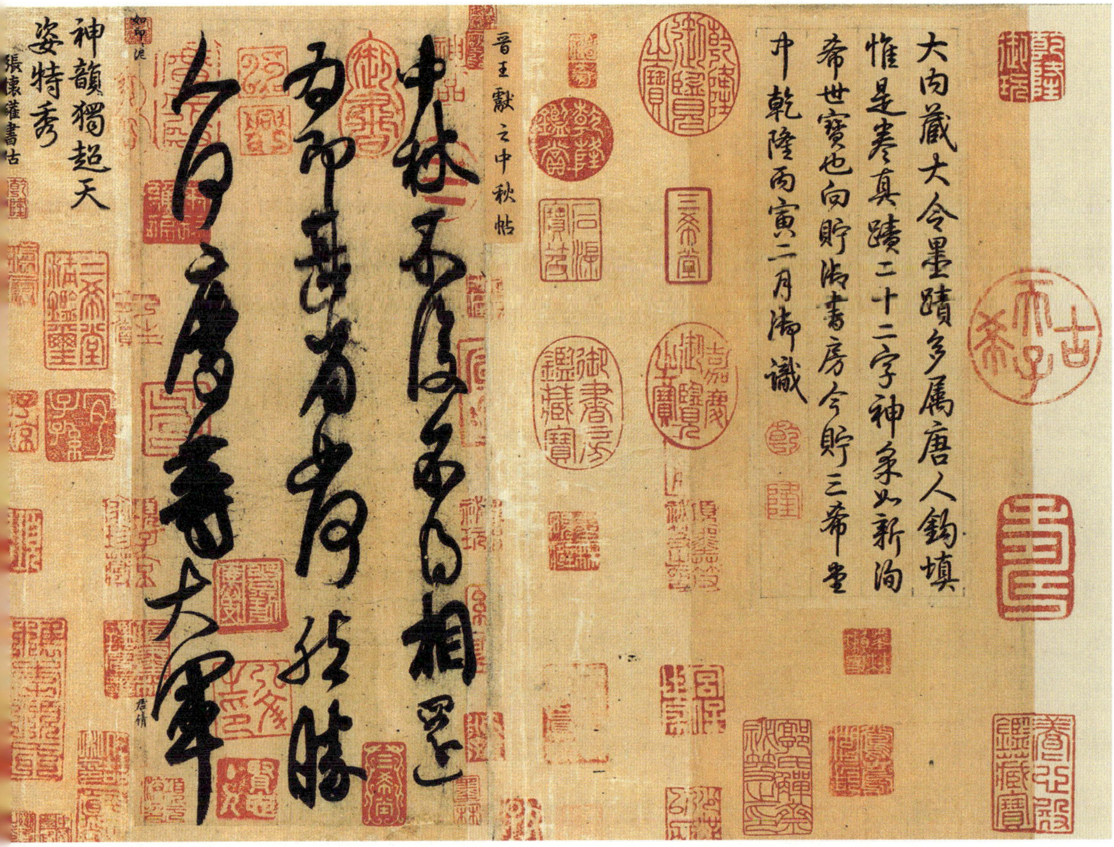

二帖。溥仪出宫以前，光绪帝的妃子瑾妃将《中秋帖》和《伯远帖》偷藏到所居的寿康宫，又在出宫的时候把它们带回娘家。因为《中秋帖》和《伯远帖》名气太大，瑾妃不敢把它们卖到琉璃厂，叫亲信太监偷偷卖给了品古斋，被大收藏家郭葆昌购得。1951 年底，在周恩来总理直接批示下，马衡、王冶秋、徐森玉来到香港。经过鉴定，《中秋帖》和《伯远帖》为原三希堂宝帖真迹无疑，终以重金将这两件稀世国宝重新收回。

在后门大街熙熙攘攘的闹市中，路东有条富有意境和诗意的杏花天胡同，据说早年间这里有个花园，内种十余棵杏树，每至阳春，满园杏花盛开，香飘大街小巷，于是称这条东不通行的胡同叫杏花天。另一说在明代，胡同西口有一杏花天酒家，所售自酿酒醇香宜人，于是“牧童遥指杏花村”，许多人慕名而来，这条胡同便成了杏花天胡同。

地安门新华书店位于杏花天胡同南面，是座古色古香的二层小楼，典型的民国时期建筑。它就是民国时期为宝书局的旧址，其名取自《大学》：“惟善以为宝。”至今已有百年历史。这座建筑吸收了西方建筑的优点，以砖石结构为主，木结构为辅，中西合璧，兼容并蓄，同时也保留了很多中国古建筑的风格和元素，在地安门这条古老商业街上，呈现出别样的雅致。对老北京人来说，这里更有着独特的记忆，因为很多人小时候，都曾在此沉醉于阅读之中。住在蓑衣胡同的“皇弟”爱新觉罗·溥任，就是这家书店的常客。溥任是末代皇帝溥仪的胞弟，他排行第四，大家习惯于叫他任四爷。1947 年，在其父亲醇亲王载沣的支持下，利用醇亲王府旧宅开办北京竞业小学，并自任校长，父亲载沣任董事长，妹妹当老师。过后将学校赠予国家，自己仅以一名教师的身份继续为学校服务。溥任是位“书痴”，出门骑车办事或买菜，必到地安门新华书店浏览一遍，买书之后才肯回家。别人有事找不到他时，家人都会肯定地说：“准是在新华书店里呢，错不了！”

为宝书局现址

东不压桥西压桥

万宁桥在地安门北侧，建于元代，是北京中轴线上的重要节点之一。万宁桥原为木桥，元至元二十二年（1285）改为石拱桥，取江山安宁永固之意更名“万宁”，但是在民间习惯地称其为海子桥。万宁桥西侧的澄清闸，是调节什刹海与通惠河之间水位的闸门。元代修建通惠河，漕船可以从通州以南的高丽庄进入大都城，并停泊在积水潭中。从此，积水潭与南北大运河连在一处，成为大运河的北端码头，清代以后，因万宁桥在皇城的后门地安门之北，又称后门桥。2002 年修复万宁桥竣工。为了方便游人往来，又在澄清闸旧址上兴建了一座三孔石桥，听取侯仁之院士的建议，“新建石桥即命为金锭桥”。

万宁桥下，有御河流过地安门外大街。金代已在这里建有水闸，并引水灌溉附近稻田，《金史》有“放白莲潭东闸水与百姓溉田”“宫左流泉溉田，岁获稻万斛”的记载。元代，玉河是位于宫城东侧的一段河道，主要用于漕运。著名诗人马祖常有诗云：“御沟流水晓潺潺，直似长虹曲似环。流入宫墙才咫尺，便分天上与人间。”诗中的御沟即指玉河。明清时玉河是皇城内的供排水系，成为皇室的专用河道，故又称御河。

明代从什刹海经万宁桥东流的御河，在东不压桥下进入皇城。乾隆朝御河河道的水流减少，东西向北段称河沿。向南成为一条弯曲的胡同，因为西北小东南大，弯弯曲曲形似马尾巴，称马尾胡同，宣统时称马尾巴斜街。1947 年称东不压桥东胡同。1955 年拆除东不压桥，改明河为暗沟，辟为马路，原河沿东西方向通后门桥的一段改属拐棒胡同。1965年将河沿、口袋胡同并入，改称东不压桥胡同。胡同路东20号，为中国历史上的第一条铁路——京张铁路的设计并建造者詹天佑故居。

东不压桥又称东步粮桥，始建于元代，初为木桥，明代改建为单孔石拱桥，称步粮桥。《日下旧闻考》记有："地安门东有东步粮桥。"据说这里曾是交易布匹和粮食的集市，故名。相传明永乐皇帝定都北京时，把皇城的北墙划定在地安门的东西一线。北墙的西侧，今北海北门稍东处，必须压着连通什刹海和北海水面的桥上经过。若按左右对称的原则，地安门东面的城墙也应该压在御河上面的桥而过，这样一来势必影响东西的交通。负责修筑皇城墙的大臣只好请示皇帝。皇帝听了汇报后说，皇城西边已经压桥了，东不压桥吧。于是就有了"东不压桥（东步粮桥），西压桥"的说法。

2005年，玉河（御河）历史文化保护工程正式获批立项。重新亮相的玉河北段水道，严格沿着古河道走向重新修复。在原址原墙基上，按原状修复了建于清乾隆年间的玉河庵，并复建了配殿，山门前为东不压桥。河道中发现的玉河庵碑碑首和碑身，碑额篆"玉河庵碑"，清嘉庆十三年（1808）立，碑阴额题"万古留名"，现经拼接并配碑座立于玉河庵前。河堤还重新修建了一处水榭、一处曲桥，两处船行栈道和四个挑台，使整个玉河风貌更加统一、完整，把两岸修复成古色古香的美丽公园。2010年以后，玉河修复工程又跨过了地安门东大街，往南于东板桥处拐弯向东，直抵皇城东墙内的皇城根遗址公园处，进一步展现了古玉河的面貌。

重新亮相的御河北段水道

茶坊半坐仕途人

明代在东步粮桥西北设有兵仗局外厂。兵仗局是明代宦官官署的八局之一，掌管制造兵器、盔甲、弓箭等，其外厂为制造兵器的作坊。明朝灭亡以后，兵仗局和兵仗局外厂随之撤销，只有兵仗局作为地名保留下来。清称兵仗局胡同，后讹传为兵将局、冰浆局，又称兵局胡同。清光绪二十七年（1901）九月，顺天府府尹陈璧奏请将外厂抄产拨给顺天府，开办首善中学堂。适逢八国联军侵入北京，烧毁户部衙门，户部暂借此处为办公用地。清光绪二十八年（1902）秋，顺天中学堂正式移此。

天汇大院在拐棒胡同南侧，东不通行，原系清道光末年天汇轩大茶馆旧地。天汇轩建有房屋上百间，有雅座、庭院，还有为茶客制作满汉饽饽的炉房，以及停放大鞍车的停车场。茶客三教九流，还有不少在衙门里当差的旗员。得硕亭《草珠一串》有竹枝词云："小帽长衫着体新，纷纷街巷步芳尘。闲来三五茶坊坐，半是曾登仕版人。"其自注中说："内城旗员，于差事完后，便易便服，约朋友茶馆闲谈，此风由来久矣。"光绪末年，天汇轩由茶馆改为天汇茶园，是茶馆与戏院的结合，约请京剧和评书、单弦艺人演出。1912 年壬子兵变时曾遭兵燹。1921 年歇业，形成地安市场，小吃、百货杂陈，兼有撂地卖艺者。市场颓败后，五方杂处，始称天汇大院。拐棒胡同，东起东不压桥胡同，西止地安门外大街，东西走向，西端曲折，因其形状似一拐杖而得名。民国后沿称。胡同中多为古旧民居。

帽儿胡同近西口拐弯处，有一十字路口，向北是豆角胡同，向南可到东不压桥。该地现为帽儿胡同 45 号院，明永乐十三年（1415）

老北京的茶馆

建有灵明显佑宫，旧时为南锣鼓巷地区最大的庙宇，乾隆帝曾亲临寺内致祭。以后，显佑宫部分建筑相继为礼部接待藩属贡使的“会同馆”、步军统领衙门、提督九门步军巡捕五营统领。1948 年前后，为北平宪兵司令部。现为国家话剧院宿舍楼群。

方砖厂胡同，位于帽儿胡同北侧，呈东西走向。东起南下洼子胡同，南止地安门外大街，南与豆角胡同相通，北与辛安里、小厂胡同相通。明代称方砖厂，因生产储存皇宫用的大方砖而得名。清乾隆时称方砖厂胡同，宣统时称方砖厂，民国沿称。胡同北侧有一条支巷，称香厂，讹称厢厂。该胡同71号、73号原为清朝一管银库官员居住，绰号“银王家”。小厂胡同北不通行，为方砖厂支巷，民国时称小厂，今胡同21号即砖厂故址。

小厂胡同

辛安里呈南北走向，西起地安门外大街，北端窄小曲折，南通方砖厂胡同。清朝宣统时称马圈，1937 年称辛安里、辛寺。胡同里的每条小巷都不宽，但在小巷的巷口，会有个在北京其他胡同少见的小型的拱券，拱券上刻着辛安里几巷的字样。整条胡同房屋的建筑格局都很相似，系 20 世纪二三十年代，由几位商人集资建造。现代工笔重彩画女画家、一代宗师王叔晖住在辛安里 70 号的后院。王叔晖，浙江绍兴人，连环画作品《西厢记》荣获第一届全国连环画一等奖，邮票《西厢记》获 1983 年最佳特种邮票。辛寺胡同 98 号，著名抗日将领赵登禹将军的故居。赵登禹长女赵学芬老人回忆，她幼时在院中抬头即可望见鼓楼，院里还有假山和大荷花缸。至今院中尚遗留有两座假山和一口荷花缸。

说不尽的南锣鼓巷

南锣鼓巷，明《京师五城坊巷胡同集》作锣锅巷，因巷内路面中间高两端低，形如罗锅而名。清乾隆时，属满族镶黄旗户住处，随着人口增多，分为南北锣鼓巷。明清以来，南锣鼓巷一直有达官贵人、社会名流居住。胡同里的王府豪庭数不胜数，各种形制的府邸、宅院多姿多彩。虽经数百年变迁，仍保持着元明时期横平竖直的坊巷风貌和胡同格局，是最富有老北京风情的画卷。南锣鼓巷也是北京旧城典型的传统四合院地区，悠久的历史给这一地区留下了众多质量较好的传统四合院、名宅古园、山石碑刻，成为国内外游客来北京必到之处。

“金王家”万庆当铺

南锣鼓巷南北走向，南止地安门东大街，北至鼓楼东大街，全

南锣鼓巷牌楼

长 786 米，宽 8 米，是在元大都火巷基础上改造成的棋盘式传统民居区。元《析津志》:“大街二十四步阔，小街十二步阔。三百八十四火巷，二十九衖通。”元《皇朝经世大典》记衖通为火弄。大都的道路，分大街、小街、火巷、火弄四个等级。大街、小街采用汉代已有的街巷通名；对下两级街道，使用南方街巷通名火巷和火弄。宋朝已经规定了巷和弄的防火间距尺度标准，火巷约阔三丈，合今约 9.3 米；火弄比较窄，宽约一丈，合今约 3.1 米。“胡同”两字就是南音火弄的音转，直到明朝才把火巷和火弄改造后，统一称胡同。

主街两侧，各有八条整齐排列的胡同，如同一条蜈蚣，故有“蜈蚣巷”之称。从南向北，西面是福祥胡同、蓑衣胡同、雨儿胡同、帽儿胡同、景阳胡同、沙井胡同、黑芝麻胡同、前鼓楼苑胡同等八条胡同；东面是炒豆胡同、板厂胡同、东棉花胡同、北兵马司胡同、秦

万庆当铺

老胡同、前圆恩寺胡同、后圆恩寺胡同、菊儿胡同等八条，加上南锣鼓巷共计十七条。其中，明《京师五城坊巷胡同集》记有裟衣寺胡同（今名蓑衣胡同）等十三条，板厂胡同等四条都是在清代以后形成的。

南锣鼓巷主街上的临街宅院很少，多为小铺面房。在主街与后圆恩寺胡同交叉口处，有万庆当铺旧址。万庆当铺建于清末，店主人是旗人，当时掌管大清皇家金库，居住在南锣鼓巷西侧的蓑衣胡同 8 号至 14 号。人称“金王家”。民国时期衰败关闭，在店前盖小房遮住“万庆”二字，并将店铺出租。据 1940 年中国联合准备银行调查室编写的《北京典当业之概况》记载:“万庆当铺，位于南锣鼓巷 3 号，成立于民国二年一月，注册资本为 14000 元，有职员共 8 人，它是清末、民国初年京城五大当铺之一，经理郭润田。”当时，京城当铺以铺掌姓氏著称的有“常、刘、高、董、孟”五号，万庆当铺属于“当铺刘掌管”。现墙面上三处门洞为万庆当铺的店门，仍保存较好，现当铺铁门密封在墙内。被青砖砌封的当铺店门前左侧，便是颇有名气的“夹杆石”，四面用铁链保护，中间石洞上放了一颗石球，是旅游者拍照的一大热点。

南锣鼓巷 59 号，裴文中先生故居。1929 年，中国古人类学家裴文中在周口店龙骨山发掘出第一颗完整的“北京猿人”头盖骨化石，并找到了“北京人”生活、狩猎及使用火的遗迹，把人类历史向前推进了五十万年。从那时起，周口店北京猿人遗址就成为国内外著名的文化圣地，在当今世界古人类学研究中有着不可替代的地位。该院曾是洪氏祠堂，为洪承畴故居。洪承畴，福建南安人，明末蓟辽总督。明崇祯十五年（1642），洪承畴率二十万大军与清兵决战于松山，全军覆没，被俘降清。《燕京访古录》：洪承畴府第在后门外方砖厂东口外路东，今已废，唯府门外二铁狮巍然独存，府后门在南锣鼓巷，尚居洪氏子孙。这个府后门即今59号，院内房屋大部分经过改建，仅存北房三间，为清早期建筑。

1929年殷墟第二次发掘，坐者左一为李济，左二裴文中；立者，右一董光忠，右二董作宾

德丰斋在南锣鼓巷北头路西，所制作蜜供质料优良，香甜酥脆，旧时享有“蜜供王家”的盛名。老北京民俗，蜜供是过年时祭神祭佛祭祖先的面食品。蜜供也叫“蜜供尖”，下方上尖，形似小塔，塔尖上插有“福”“禄”“寿”“禧”“财”带花的字签子，有大小不同品种。

帽儿胡同“娘娘府”

南锣鼓巷紧邻皇城，是历代皇族名流的聚集处，至今仍保留着北京规模最大，保存最完好，品级最高的四合院建筑群。截至 2013 年底，包括末代皇后婉容故宅、茅盾故居、可园、恩园等，共有国家、市、区级文物保护单位二十八处。老北京谚语：“冬不暖，夏不凉，有钱不住东南房。”北京冬季盛行寒冷的西北风，阳光从南面照来，面南的房屋有利采光；夏季盛行凉爽的东南风，开在东南角的大门易于进过堂风，北房具备冬暖夏凉的功效。受地理环境的影响，促使坐北朝南的四合院成为中国特有的“面南文化”。旗人的等级观念极强，故南锣鼓巷内的各胡同北侧门户较多，南侧如有门户也大多是前一条胡同宅院的后门儿。

从南锣鼓巷南端向北，西面第一条福祥胡同，明代称福祥寺街，因胡同内有福祥寺而名。福祥寺建于明正统元年（1436），武太监为英宗祝寿舍宅修建。清雍正年间改为喇嘛庙，更名宏仁寺。乾隆时称福祥寺胡同，宣统时为福祥寺，民国后沿称，1965 年整顿地名，去“寺”字后称今名。福祥胡同 25 号院，福祥寺旧址，现仅存部分殿宇。11 号院，王树常故居。王树常，北洋政府陆军第 3 方面军团第

10 军军长。皇姑屯事件后，王树常被张学良调到身边处理复杂的事务，中原大战后任河北省政府主席。西安事变后张学良被囚禁，王树常辞去所兼各职，到香港闲居，后被国民政府授上将衔。北平解放前夕，王树常和中共地下党员、爱国进步人士、社会名流一道积极奔走，从中斡旋。中华人民共和国成立后任全国政协委员，民革中央委员。

蓑衣胡同，明称裟衣寺胡同，因胡同内有裟衣寺而名，清改今称。

雨儿胡同，明称雨箎胡同，清称雨儿胡同，民国后沿称。11 号

帽儿胡同婉容故居

婉容与溥仪

至15号院，清买办兼北海公园董事会长董叔坪宅，后门开在帽儿胡同，院内的垂花门、精美的戗檐砖雕，到处显示出这座大宅门昔日的气派，时称董家大院。13号院，当年曾为清太宗第四子叶布舒宅邸东边部分建筑，中华人民共和国成立后由文化部购买，请齐白石先生居住，后白石先生搬至西城跨车胡同。25号至33号院，值年旗衙门，坐北朝南，四进院落，共有房屋四十楹。其中25号至27号是值年旗附属的镖局，30号院是值年旗马圈，31号院是衙门的办公地。27号院内仍保留有较为完好的硬山顶合瓦清水脊的房屋；31号院门对面尚存“八”字形青砖照壁。31号院为罗荣桓故居。33号院为粟裕故居。

帽儿胡同多传奇故事，明代称梓潼庙文昌宫胡同，因胡同内有文昌宫而得名。清建有制帽作坊，改称帽儿胡同。西口北向有条很短的死胡同叫“帽行胡同”。帽儿胡同7号、9号、11号院，原为清末大学士文煜的住宅和私家园林可园。可园落成于清咸丰十一年（1861），被认为是晚清北京私家园林中最有艺术价值的花园，现被列入国家重点文物保护单位。6号、8号，乾隆皇帝之女和敬公主后人达贵的宅第，门上方有四个门当，上写“吉祥如意”。15号、17号、19号、21号院为梓潼庙文昌宫旧址。13号院为冯国璋故居，朱家溍先生曾在此和15号、35号、37号院居住。35号、37号院俗称娘娘府。末代皇后婉容曾祖父郭布罗·长顺所建，婉容被册封为皇后，其父荣源被封为三等承恩公，该宅升格为承恩公府。院落为东、西两路，西路为四进院落，正房五间即为婉容所居，正房内的隔扇、落地花罩雕镂极为精美。东路为三进院落，前院有家祠，后院有假山、水池。现在，东院花厅的装修基本保存原状，明间迎面墙满嵌的巨镜还是原物。

景阳胡同，明称宣家井胡同，清称井儿胡同，民国后沿用。沙井胡同，明称沙家胡同，宣统时称沙井胡同。15号院，曾是光绪年间清末内务府大臣奎俊的前宅。黑芝麻胡同，明称何纸马胡同。据传，胡同内有一何姓糊纸马者，开有一“七巧斋”作坊，后人以其谐音称何纸马为黑芝麻。13号院为清光绪内务府大臣奎俊府，是一座带花园的建筑，该院建在七级台阶上，共有五进院落，大门一间，带雀替，两旁有把鼓石，门内有影壁，西边有屏门通到一座院，倒座十二间，合瓦清水脊顶。前鼓楼苑胡同7号，徽商吴肇祥故居，后转卖给东北军高级将领宋寿山。院内清幽淡雅，是一座保存完好且极具代表性的老北京四合院。

炒豆胡同住僧王

从南锣鼓巷南口向北，东面是炒豆胡同，明清时称炒豆儿胡同。胡同内73号、75号、77号院，与板厂胡同30号、32号、34号院，均为清僧格林沁王府，俗称僧王府，是研究该地区地理变迁，王府形制和建筑的重要实物。原王府分中、东、西三路，各有四进，前门在炒豆胡同，后门在板厂胡同。东路除正院外，还有东院四进，组成一个很大的建筑群。府正门外有大影壁、上马石。院内垂花门、上房院、后罩房等均有抄手游廊相通，还有爬山廊、亭台等。现在挂牌的僧王府宅院，只是原王府的一小部分。僧格林沁系清末著名将领，道光帝姐姐的过继儿子。清咸丰五年（1855）晋封亲王。《天津条约》

签订后，僧格林沁力主抗争，在大沽口保卫战中重挫英法联军，取得了清道光二十年（1840）以来中国对外战争的第一次胜利。同治四年（1865），僧格林沁率部在山东曹州与捻军激战中阵亡。民国后，府第被后代逐渐分院拍卖。僧王府东南有僧格林沁祠堂，现改建为侣松园宾馆。

板厂胡同，清乾隆时称板肠胡同，宣统时称板厂胡同，民国沿称。板厂胡同 34 号，原僧王府中所的后院门，20 世纪 50 年代初期登记的产权人为朱家济、朱家濂、朱家源、朱家溍四人。民国时，僧格林沁的曾孙阿穆尔灵圭死后，因欠族中赡养费而被控告，北平地方法院受理公开拍卖僧王府。僧王府的中所计五十一间房屋，被朱家“以出最高价洋 10500 元拍得”。1954 年，朱家将大部分房屋卖给煤炭部，自家只留下 34 号十六间半房屋的一个院落。

东棉花胡同，据传此处曾是棉花市场，初名棉花胡同，为区分西城棉花胡同，改今名。15 号院，清宣统初广州将军刘禹门故居。刘喜洋务，在二道门建了一座西洋式青砖雕花石拱门，周身雕满华丽的纹饰，上刻花卉走兽，纹饰十分细致繁复，包括岁寒三友（松竹梅）、莲瓣纹、连珠纹、万字纹等，高大气派，实属罕见。39 号，北洋政府总理靳云鹏宅邸，现为中央戏剧学院。

北兵马司胡同，明朝设有北城兵马司，故名。清乾隆时称兵马司胡同，宣统时称北兵马司。民国后沿称。秦老胡同，明称秦家胡同，清称秦老胡同。35 号原为清晚期内务府总管大臣索家宅子的私家花园绮园，园内叠石假山、游廊池榭，颇有江南意境。索氏后人曾崇的儿媳系清末代皇后婉容之姨，故当地传言这里是“皇后的姥姥家”。

后圆恩寺胡同蒋介石行辕

前圆恩寺胡同，明称圆恩寺胡同，因胡同内建有圆恩寺而得名。清乾隆时称前圆恩寺胡同。宣统时称前圆恩寺。圆恩寺建于元至元年（1335）间，后多次重修。寺西有广慈庵，庵内碑碣有句："建立十方院，圆恩是比邻。"圆恩寺今已拆除，在旧址上建原铁道兵干部休养所。

后圆恩寺胡同因位在圆恩寺后，清乾隆时称后圆恩寺胡同，宣统时称后圆恩寺。胡同西部较窄，东部较宽阔，7 号院是清庆亲王奕劻次子载旉的宅第。该处是一座保存完好的中式四合院，中部为一西洋楼房，楼前有一带喷泉的圆形水池，周围有来自圆明园的刻石。池东南为瓜棱柱支撑的花岗岩西式拱形顶圆亭，再东有假山和仿古建筑，池北为大楼，池西为后置的四合院。奕劻当过清总理各国事务大臣和内阁总理大臣，与袁世凯是姻亲。载涛在《晚清宫廷生活见闻》中说：“奕劻之无钱不要，为人所共知。”载旉却是花花公子，该豪宅即其为博得名妓红宝宝欢心而建，后在赌博中把全部家当连同这座豪宅输与他人。此宅曾几易其主，民国时转手为一家中法企业的办公处，抗战胜利后曾为蒋介石下榻的行辕。13 号为普通两进四合院，茅盾故居。

菊儿胡同，明称局儿胡同，后改橘儿胡同，清宣统时名菊儿胡同至今。菊儿胡同 3 号院、5 号院、7 号院和寿比胡同 6 号院，原系清直隶总督、大学士荣禄府邸。原宅分三部分，3 号院是祠堂，5 号院是住宅，7 号院是花园。41 号院原为寺庙，据传庙里的开山和尚是皇帝的替僧。

中轴线北端钟鼓楼

钟鼓楼是坐落在北京南北中轴线最北端的一组古代建筑，建于明永乐十八年（1420），为古代城市的报时台。鼓楼前面的大街，清代称鼓楼大街，现并入地安门外大街。钟楼在鼓楼北一百米左右，两楼前后纵置，气势雄伟，巍峨壮观。在城市钟鼓楼的建制史上，北京钟鼓楼规模最大，形制最高，是古都北京的标志性建筑之一，也是见证我国近百年来历史的重要建筑。万历《明会典》记载，起初敲鼓撞钟报时属顺天府的事。明正统六年 (1441) 改由钦天监测定时刻，敲鼓撞钟报时由旗手卫拨军士执行。现为全国重点文物保护单位。

葫芦状钟鼓楼胡同

钟鼓楼四周，有一圈葫芦状的钟鼓楼胡同，恰似卫兵守护在胡同内的钟鼓楼周围，类似形状的胡同，在北京城没有第二处。钟楼湾

鼓楼

胡同呈南北走向，北起豆腐池胡同，南端有两个出口，分别通鼓楼东大街和鼓楼西大街。东与草厂北巷相通，西与钟库胡同、铃铛胡同、汤公胡同相通。因位于钟楼周围呈弯曲葫芦状，1947年称钟楼湾，1949年后改称今名。

清代以后，在钟楼湾周围出现不少与钟鼓楼名称相关的胡同。据《燕都丛考》记载："自旧鼓楼大街以东，鼓楼东大街西头而北曰宝钞胡同，其西曰北醋儿胡同，曰草厂，有东西南北四口。越钟鼓楼而西曰钟库胡同，曰小铃铛胡同，曰铃铛胡同，曰牛圈，曰汤平胡同,《顺天府志》作汤锅胡同。至是而北曰赵府街，为南北胡同。其西为娘娘庙胡同，稍北曰张帽胡同。《顺天府志》帽或讹作旺，又讹望。"说明钟楼附近曾经是京城铜铁器具的制作场所，不仅有铸造大

钟楼湾胡同

钟的铸钟厂和存放钟的库房钟库，还是大小铃铛、汤锅等日常用具的生产地。

钟库胡同，在钟楼湾西侧，东起钟楼湾胡同，西不通行，呈东西走向的死胡同。1947 年称钟库、1949 年后称钟库胡同。铃铛胡同，在钟库胡同北，钟楼西侧，呈东西走向，北有支巷通汤公胡同。是一条长仅有一百多米的小胡同，胡同有两个岔口，状似一个铃铛围绕着钟楼，因此得名。汤公胡同，在铃铛胡同北，钟楼西侧，呈东西走向，东端曲折。东起钟楼湾胡同，西止旧鼓楼西大街，南有支巷通铃铛胡同。清称汤锅胡同，汤锅是屠宰牲畜时煮热水燶毛所用的大型铁锅，可能这里与宰杀牲畜有关。1947 年称汤公胡同。

在北京中轴线上，有件非常有趣的南北对称现象，那就是在中轴线的南端，民国年间出现了民俗文化区天桥市场，而在中轴线的北端也在其后出现了一个民俗文化区小天桥。20 世纪 20 年代中期，一些小贩和民间艺人在钟楼前面、鼓楼后面的空地上谋生，形成小天桥鼓楼市。抗日战争胜利后，更名为民众商场。它有东南西北四个出入口，进南门挨着鼓楼这一块，有卖破烂的、算卦的和卖扒糕、炸丸子、豆汁、馅饼、烧饼、锅饼等的小摊，还有小酒摊。有石记、舒记、鲁记三家茶馆，后来又开设第一、第二民众茶社。西门外边有个落子馆，有不少卖艺的场子。侯宝林先生在他的自传《一户侯说》中写道：“再进去一些，东边有块场子，那是说相声的，有时摆在西边大槐树底下。我们这场子没有固定的地方，有时也在那儿唱戏。还有个唱喝喝腔的大棚，那也是很穷的戏棚，没有什么大戏，有几件行头，随便乱穿着。喝喝腔据说是沧州一带农村的剧种，我到沧州时有人向我提起过。喝喝腔也叫哈哈腔、合儿腔、柳子调或拉拉调，是产生于河北省民间的一个地方戏曲剧种，迄今已有三百年的历史。现在这剧种已经消失了。”“再往北走，还有两块地，常在那儿演出的，一个是‘全家福’，不知道姓什么叫什么，老夫妻俩带着两个儿子、两个儿媳妇、闺女，大家一块儿唱，唱的大概是花鼓之类，人家就管他们叫‘全家福’。还有一摊是父子俩带一个徒弟，唱莲花落。这家姓崇，老头的名字不知道，儿子叫崇佩林，他们时常唱些太平歌词。”1999 年后，曾在这里建起规范化的摊床，成为常年集贸市场。2001 年撤销，在钟鼓楼中间空地开辟群众休闲广场。

20 世纪 20 年代的“民众商场”

富庶殷实，莫胜于此

元代，今北海和中海称太液池，积水潭是太液池的上源。在大都城的规划建设中，首先考虑在太液池的东岸兴建宫城（大内），将宫城的中心建筑群大明殿和延春阁设置在宫城的中心线上。然后，沿宫城的中心线向北延伸至积水潭的东北岸建中心阁。中心阁是元大都的重要建筑，其位置相当于今之鼓楼的所在地。

元大德九年（1305），元成宗铁穆耳兴建规制宏伟的大天寿万宁寺，把中心阁围在寺内。《析津志》载："原庙　行香　完者笃皇帝中心阁　正官　正月初八日。"元成宗去世后，皇帝在每年的正月初八要到中心阁行香，祭祀元成宗，完者笃皇帝即元成宗蒙古语的称谓。元末成宗影响式微，万宁寺亦随之衰落，其规模也日渐缩小，几近荒废。明代永乐年间，在万宁寺西南中心阁处兴建鼓楼。元代万宁寺的残址，在今鼓楼东北隅草厂胡同12号，20世纪50年代成为大杂院，当地居民称"大庙"。

大都的宫城依天然湖泊而建，所以宫城的中轴线与全城平面布局的中心线之间尚有一些距离。于是，测定全城平面布局的中心，在这个中心点上竖立一个石刻的测量标志，题为"中心之台"。据《析津志》记载："中心台，在中心阁西十五步，其台方幅一亩，以墙缭绕，正南有石碑，刻曰'中心之台'，实都中东西南北四方之中也。"《析津志》又载："齐政楼，都城之丽谯也。东中心阁。"齐政楼即元大都城的鼓楼，其在中心阁西，亦即大都宫城中轴线西，位于今北京旧鼓楼大街南口。齐政楼正北的钟楼，约在明代北京内北城墙处，《图经志》载："钟楼之制，雄敞高明，与鼓楼相望。"其下的南北一线，北起德胜门东大街，南到鼓楼西大街，清乾隆时称药王庙街。清末分为两段，以大石桥胡同为界，以北称北药王庙，以南称旧鼓楼大街。1965 年合并统称为旧鼓楼大街。

元代，按照“左祖右社、前朝后市”的建制原则，在皇城后方的鼓楼大街设立后市。元至元二十九年（1292）京杭大运河通航，漕船可以从通州以南的高丽庄径入大都城，并停泊在积水潭中。史文有“舳舻蔽水”的描写，可以想见当时积水潭的盛况，也使这片经过人工改造的天然水域，得到了最大限度的利用。而且，也正因为其水面浩大，盛况空前，称之为海子。京杭大运河通航之后，东南吴楚的大贾，西南西北的川陕豪商，都通过水上交通来到大都，所谓“川陈豪客，吴楚大贾，飞帆一苇，径抵辇下”。于是大都城“百廛悬旌，万货别区。非但迩至，亦自远输”。《元史》记有：“海子在皇城之北，万寿山（既今北海琼华岛）之阴，旧名积水潭，聚西北清泉之水，流入都城而汇于此，汪洋如海，都人因名焉。”因为南方来的漕运船只皆停泊在积水潭上，积水潭周围的钟鼓楼和斜街市不仅成为大都城内最繁华的商业中心，也是当时的游览中心，“率多歌台酒馆”正是当时情况的真实写照。

据《析津志》记载，元大都城内外的商业行市三十余种。其中，米市、面市、缎子市、皮帽市、帽子市、穷汉市、鹅鸭市、珠子市、沙剌市（即珍宝市）、柴炭市、铁器市等，鳞次栉比，比比皆是，皆在今旧鼓楼大街的钟鼓楼一带。《析津志》描述其盛况云：“钟楼之东南转角街市俱是针铺。西斜街（今北京积水潭东北）临海子，率多歌台酒馆，有望湖亭，昔日皆贵官游赏之地。楼之左右俱有果木饼面柴

元大都运河图

炭器用之属。”又云：“钟楼……本朝富庶殷实莫盛于此。”道路两旁商贾云集，人流熙攘。许多富家大户、显贵官宦、文人雅士也趋之若鹜。他们相继在这里建府第、豪宅，造园林、兴别墅，一时间，海子周围成了大都城人们最向往的所在。街巷胡同内云集了权贵功臣们的高宅大院和普通百姓的素雅民居。明、清、民国以至于今，鼓楼前大街、地安门外大街一带依然是北京城区的重要商业区。

万宁寺与草厂胡同

鼓楼东大街曾是北京古老的商业区，大街两侧为南、北锣鼓巷。东大街北侧有一座黄色琉璃瓦财神庙，俗称黄瓦财神庙。该庙始建于明末，清乾隆十五年（1750）《京城全图》中绘有此庙。据文献记载，原有山门、正殿及配殿，凸出大街，内供财神、土地、药王及鲁班泥塑像。现仅存大殿，坐北朝南，面阔三间。财神庙为道教庙宇，增财有文武之分，文为日春神青帝，武为月财神赵公明。据民间传说，此庙原为民间供奉财神的小庙，庙顶原是灰筒瓦。相传胤禛为亲王时从今雍和宫住处出西直门去圆明园，路过此庙休息，曾祈求保佑登上帝位，日后如能继承大统，当将此庙的屋瓦易为黄琉璃瓦。胤禛登基后，即派人覆黄色琉璃瓦还愿。2005 年 8 月，在鼓楼东大街风貌保护与环境整治工程中，拆除了财神庙周围的非文物建筑，亮出了大殿，进行了修缮，成为该地一独特景观。

元代，在鼓楼东大街北侧，由西向东建有大天寿万宁寺、倒钞库、宝钞库（在倒钞库北）、警巡院、大都路总管府。万宁寺占地广大，包括今草厂胡同和鼓楼所在。元末万宁寺衰落，规模日渐缩小，几近荒废。明末清初的《析津日记》记述万宁寺："今寺之前后皆兵民居之。从室而入，有穹碑二，尚存，长各二丈余。"东一碑，题曰：成宗钦明广孝皇帝作天寿万宁寺神御殿碑。民国时调查，尚存"不动产土地约三亩，房屋四十间。管理及使用状况为自行管理，所有殿房除供佛僧人住外，余房外租。庙内法物有佛偶像三尊，神偶像九尊，礼器六件，法器两件，另有水井一眼。时有两名僧人，住持叫全祥"。后为大杂院，残址在今鼓楼东北隅草厂胡同 12 号，当地居民称该院为大庙。

元朝实行纸币，倒钞库是负责全国新旧纸币兑换的机关，设于胡同南口。明代倒钞库和宝钞库所在地，称倒钞胡同。清乾隆十五年（1750）《京城全图》，倒钞改为宝钞，称宝钞胡同，民国后沿称。明《京师五城坊巷胡同集》对这一地区记载：“金台坊　九铺　倒钞胡同　点铜厂街　万宁寺　钟楼鼓楼　亭子张街　豆腐陈胡同……”

草厂胡同

亭子张街即今旧鼓楼大街。倒钞胡同与钟楼鼓楼间，称点铜厂街、万宁寺，可见当时还称万宁寺胡同。清乾隆十五年（1750）的《京城全图》，已无点铜厂街和万宁寺，只在通往宝钞胡同的今草厂东巷处标注草厂，为堆放薪柴草料之所；草厂西侧有大片空地，其南为南北向北醋儿胡同。但在清康乾间《宸垣识略》地图上，在鼓楼的东北角万宁寺位置附近，标注三官庙，东侧标注北醋儿，无草厂。清嘉庆七年（1802）刊刻的《唐土名胜图会》中亦同，有三官庙、北醋儿，无草厂。清末《京师坊巷志稿》载有三官庙、北醋儿胡同，还有东、西草厂胡同。

今草厂胡同，南北走向，向北往西有岔路可达万宁寺大庙。草厂北巷，原称西草厂或北草厂，东起草厂胡同北，西向连接钟楼湾胡同，北靠豆腐池胡同，1965 年改今名。草厂东巷，呈南北走向，1947 年为草厂和北醋儿胡同，1965 年箭杆胡同并入，改称今名，有东西向小巷通往宝钞胡同。

西海曲径通幽处

什刹海包括前海、后海和西海（又称积水潭）。外三海宽阔的水面既给北京城平添了无限的生机，也使得什刹海周围的街巷、胡同如影随形，出现了前海南沿、南官房胡同、大小金丝胡同、后海北沿、鸦儿胡同、羊房胡同等，形成独特的、颇具中国古典园林中那种“曲径通幽处，禅房花木深”韵味的斜巷胡同。与东侧最富有老北京风情的南锣鼓巷形成鲜明的对比，是保护旧城整体风貌和沿中轴线对称格局不可缺少的地段。

名人会聚白米斜街

从地安门到鼓楼，路西边能通河沿的有三条胡同：靠近地安门的叫白米斜街，靠近鼓楼的叫烟袋斜街，中间只能走一个人的小胡同

积水潭夜景

叫义溜胡同。前海南沿，因什刹海水域收缩成巷，清代始称河沿。过去什刹海周围有一圈小河，将什刹海围住，用来调节什刹海及北海等三海的水位，称套河。故什刹海环湖胡同泛称河沿。1911 年后，为区别什刹海周围同名河沿，以其位在什刹海东南岸，称前海南河沿。中华人民共和国成立后填平套河，1965 年将“河”字去掉，称今名。胡同南北弯曲走向，向东倾斜，北起地安门外大街，南至白米斜街，

中与马良胡同、白米北巷相交。南端有街头花园，稍西即著名的荷花市场。清乾隆时在胡同西口有冰窖，后称冰窖胡同，今名白米北巷。帽局胡同和扬俭胡同皆为东通地安门外大街的死胡同，长不过五十米，帽局胡同始称于 1911 年；其北扬俭胡同，原名羊圈胡同。马良胡同，在前海南沿北侧，东西弯曲走向，均宽仅两米，原称马家大院，后以谐音改今名。

张之洞

冯友兰

白米斜街在前海南沿的东南侧，是一条呈“S”形的胡同，东起地安门外大街的后门桥南侧，西口在地安门西大街与北海公园北门隔路相望，中间与白米北巷、乐春坊相交。此地处于什刹海南岸，明初只有一些坐南朝北的房屋面水而建。以后，什刹海水位下降，水面缩小，什刹海南岸的建筑不断向北扩张，逐渐建起后山墙背对水面的成片房屋。以后在斜街西口路南建白米寺，寺坐东朝西，由山门、前殿、正殿、偏殿等建筑组成，明万历年间以寺名称白米斜街。

白米斜街是一条名人会聚的胡同，演绎了许多兴衰往事。走进白米斜街东口，一座与众不同的深宅大院映入眼帘。门牌 11 号为广亮大门，门前的八字门墙、上马石，以及大门对面矗立着的高大影壁，昭示着昔日院落主人的辉煌，这就是晚清洋务运动领袖张之洞和大哲

白米斜街 11 号张之洞宅的西院（郑垚提供）

学家冯友兰的故居。张之洞是清末重要的历史人物，与曾国藩、李鸿章、左宗棠并称晚清四大名臣。清光绪三十三年（1907）张之洞奉旨进京，住进了当时是白米斜街 3 号的院子里，正门即今白米斜街 11 号，7 号院是张府的花园，两院内部相通，几乎占据半条胡同。张之洞还在院子里新建了一座气势不凡的二层砖木结构的观景楼，站在楼上可以眺望钟鼓楼、什刹海美景。据说张之洞曾有自书联：白云青山图开大米，斜风细雨春满天街。联文既是写景，前后又嵌“白米斜街”四字，颇为精妙。清宣统元年（1909），张之洞在家中病逝。因张的后人不恒居此，房屋逐渐破败。1930 年，哲学家冯友兰以低价购得这处房屋，携全家从清华园搬到了白米斜街。同时搬来的还有冯友兰的堂妹冯兰和妹夫张岱年（著名哲学家），以及老友徐旭生、常维

文绣

钧等。闻一多先生被暗杀后，清华大学不再为其家属提供住所，冯友兰不收房租，诚邀闻一多一家老小入住院内。有学者认为，张之洞故居是乾隆年间便已存在的老宅，对于研究老北京四合院建筑，有很高的文物价值。

白米斜街23号，文绣隐姓埋名在院内住了五年。溥仪被赶出紫禁城后，便带着皇后婉容和淑妃文绣等人来到天津，住进晚清武臣张彪的府邸张园。文绣因反对溥仪依靠日本人图谋复辟，在天津与溥仪离婚。几天后，溥仪刊发“宣统皇帝上谕”：“谕淑妃文绣擅离行园，显违祖制，应撤去原封位号，废为庶人。钦此。”想以此来挽回“皇帝”的面子，曾轰动一时。文绣回到北平后，不堪好事者的猎奇和骚扰，生活日渐穷困，糊过纸盒，摆过烟摊，尝尽了人世间的饥寒困苦。1945年，文绣经人介绍，与刘振东结婚，在白米斜街租下三间南房安了新家。婚后夫妻感情融洽，衣食无忧，文绣感受到了生活的幸福和美好。据老邻居们回忆说，当年经常看到文绣出门买菜，衣着极其朴素。人们称呼她刘太太，并不知其真实身份。后丈夫到清洁队当工人，文绣夫妇便搬到清洁队附近的辟柴胡同。1953年，文绣因患心脏病去世，终年四十五岁。

乐春坊胡同，北起白米斜街，南至地安门西大街，南北弯曲走向。据传清代有人在此建一小园，名乐春坊，专门饲养奇鸟、金鱼，供人欣赏。清道光年间成书的《闲窗录梦》记载，道光十五年（1835）正月初四，作者穆齐贤顺便到东安门外乐春坊听郭栋儿说书。清末民初，震钧所著《天咫偶闻》亦载："余髫年时，如泰华轩、景泰轩、地安门之乐春芳，皆有杂爨，京师俗称杂耍。其剧多鱼龙曼衍，吐火吞刀，及平话、嘌唱之类。"说明早年间乐春坊是一处可以喝茶听曲的娱乐场所。据当地老北京人回忆，胡同里过去还开过乐春坊澡堂子，内设雅间，经营小吃、表演等项目。几百年间，从私家花园、休闲茶座再到大众浴池，乐春坊成了这里的一块招牌。

烟袋斜街飞楼倒景

义溜胡同，东西向窄巷。胡同西口高于前海东沿，传说明代奸相严嵩被罢官后来此乞讨，曾从西口一"溜"滚入什刹海，故名。清代始称义溜河沿，1911年改称今名。民国时在前海东沿有小市，胡同内多旧式店铺，旧有北京八大书馆之一的同和轩（后改名广庆轩）。清代规定北京内城不得有戏园，那些王府显贵、八旗子弟想听戏找乐子只能到前门外。那时候围绕天安门、地安门还有皇城的城墙，必须绕道走。再加上出入前门门洞的车多，所以在北城居住的人，若去趟前门也不容易。但久住这里的旗人们生活中要有娱乐，又想就近消费，这样茶书馆便在鼓楼一带应运而生。广庆轩装修讲究，又专请评

俯瞰烟袋斜街

书名角，为此名声大噪，据说大阿哥溥儁，与张大千有“南张北溥”之誉的溥心畬都来这里听书。

烟袋斜街东北西南走向，东起地安门外大街，西至小石碑胡同与鸦儿胡同相连。进胡同东口处北通鼓楼西大街，中部南抵前海东沿，西口西南即著名的银锭桥。清时主要经营烟具，装裱字画和贩卖古玩玉器，是一条繁华的商业街。乾隆时期的吴长元在其所编纂的《宸垣识略》中，写下了这样一段话，“今鼓楼斜街内分二道：西北出者通鼓楼西大街；西出沿湖至银锭桥者，乃昔时西涯。不知何年列居市肆，使幽清之地，变为嚣尘也”。告诉我们在乾隆时代，烟袋斜街已由幽清之地突然变为商铺鳞次栉比了。直到今日，烟袋斜街仍然是进出什刹海的最佳路线。

烟袋斜街在历史上多有变迁。2011年，对什刹海东岸古地貌和元代湖岸位置展开调查，发现元代海子东岸的位置，延续了古高梁河东岸的位置，在今地安门外大街西侧，地安门商场门前的南北一线。从调查结果还可以推测，都火神庙的建筑年代不会早于元代，且最初的位置应更靠近地安门外大街，今天的庙址应是明代选定的。可见，烟袋斜街在元代曾为海子的水面所覆盖，其形成与什刹海水位下降有关。成书于清乾隆四年（1739）的《八旗通志》的附图中，此街被标为斜街；乾隆十五年（1750）《京城全图》称鼓楼斜街；《光绪顺天府志》记作烟袋斜街。

据传，烟袋斜街的定名，与胡同内以经营烟具著称有关。当年居住在北城的旗人，大都嗜好抽旱烟或水烟，由于烟袋的需求与日俱增，所以斜街上开起了不少烟袋铺。这条街上的烟袋铺，大都在高台

悬于店口的烟袋招幌

广福观山门

阶上，门前竖一个木制大烟袋当幌子。现在从烟袋斜街东口一路过来，商铺还都是高台阶，虽然都已经不再经营烟袋，但是高台阶依旧留下了印记。真实的情况是，民国年间，东口北侧高台阶上的确有两家烟袋铺，一家是恒泰号，另一家是双盛泰，在门口摆放着大型的烟袋招幌。据说，作为招幌的烟袋大约高 1.5 米，十分引人注目。

烟袋斜街中最著名的建筑是位于 37 号、51 号的广福观，始建于明天顺三年（1459）。在南北中轴线上，依次有山门、天王殿、三清殿和三官殿。西跨院名曰白云仙院，有山门、前殿和后殿。观内存明天顺四年（1460）《重修广福观碑》，明代管理天下道教的道录司曾设于此。茶陵诗派的代表人物李东阳颂咏这里的景致："飞楼凌倒景，下照清澈底。时有步虚声，随风渡湖水。"李东阳诗中的"飞楼"当是指广福观内凌空耸立的楼阁。

“老字号”吴肇祥茶庄，在烟袋斜街胡同口北边，安徽歙县昌溪村人吴肇祥创办，始建于清光绪十三年（1887），至今已有一百三十多年的历史。歙县人吴姓做茶叶生意的人很多，北京曾有吴裕泰、吴德泰、吴恒瑞、吴瑞春等茶庄，以吴肇祥最为出名。《道咸以来朝野杂记》载：“景春茶色极纯洁，而香味不浓。以香味而论，当数齐化门北小街之富春茶庄，及鼓楼前之吴肇祥为上。……景春、富春皆久已歇业，惟肇祥独存耳。”老北京人喜欢喝花茶，吴肇祥拼配的花茶基本上是大众化的，所以生意一直很兴隆。而后创造了闻名北京的小叶茶、茉莉大方、茉莉毛尖、茉莉毛峰等，使几代北京人享受了中国茶叶的香、美、乐，在北京茶行中独树一帜。

前海南沿恭亲王府

地安门路口往西，路北过了荷花市场的第一条胡同就是前海西街。前海西街呈倒“L”形走向，南起地安门西大街，东至前海北沿，西折至柳荫街和龙头井街北口，中部与三座桥胡同、毡子胡同、千竿胡同相连。东西段原为玉河故道，因北侧为清代恭王府，河边道路称恭王府后身。前海西街南部东侧原有一小湖泊叫西小海或西小池，为前海的一部分，湖边道路称前海西河沿。1916 年注册为临时市场，后改为荷花市场。20 世纪 50 年代初，填平了河道和小湖泊，在西小海处建什刹海体校。1965 年两段合并，改称前海西街。

前海西街 17 号为恭亲王府，是北京第一个对外开放的王府。恭亲王府原系乾隆重臣和珅建造，后为清道光皇帝第六子恭亲王奕䜣的府邸。王府前部由东西中三部分组成，中路大门内是五开间的二门，二门内为正殿和东西配殿。后殿称嘉乐堂，用绿色琉璃瓦、脊吻兽。王府的后罩楼计两层，东部称瞻雾楼，西部称宝约楼。楼中间有过道，直通后花园，称萃锦园。正门为西洋式石拱券门。门内有一巨大的太湖观赏石，名为送子观音石。园中还有戏楼、安善堂、明道堂、天香庭院、妙香亭、秋水山房等建筑。“福”字碑是康熙帝御笔，号称“天下第一福”。清光绪二十四年（1898）奕䜣薨，溥伟袭恭亲王。20 世纪 20 年代，溥伟将恭王府及其花园抵押给西什库教堂。1937 年

恭亲王府

德国人得到恭王府产权，建立辅仁大学。中华人民共和国成立后，先后由北京艺术师范学院、中国音乐学院、中国艺术研究院使用。

前海西街18号，郭沫若故居。故居原为清乾隆朝宠臣和珅的王府花园。同治年间，成为恭亲王府的草料场和马厩。民国时，恭亲王的后人把此处卖给达仁堂乐家药铺，修建成中西式结合庭院。中华人民共和国成立后，是蒙古人民共和国驻华大使馆馆舍，后由宋庆龄居住。1963年11月，郭沫若由西四大院胡同5号迁入，在此居住工作了十五年。

前海北沿，西南—东北走向，中部形成一个湾子，元代尚为湖面。清宣统年间称前海北河沿，1965年改今名。18号、19号为清末京城餐饮业“八大堂”之一的会贤堂饭庄旧址，建筑格局保留基本完好。旧时前海北沿有三大亮点：会贤堂饭庄听戏观景、河沿赏荷、响闸桥听瀑。会贤堂饭庄南侧有临湖而建的二层小楼，系观望什刹海景致绝佳位置。东跨院旧时有戏台，梅兰芳、余叔岩、李万春、王少楼等名角都曾在此登台献艺。荷花市场北门西侧是月牙河进入前海的入水口，河水入湖时瀑声如雷，称响闸烟云，为西涯八景之一。

南官房胡同，在前海北沿北侧。西至毡子胡同，东与前海北沿、银锭桥胡同相连，北侧与大金丝胡同、前井胡同相接，呈东北—西南走向，中间有明显弯曲。官房胡同，名称来源于“官家房屋”。清中期朝廷在什刹海统一建设官员住宅，主要解决外省官吏进京上任后的生活起居，为北京西城胡同游的必到之处。清乾隆《京城全图》称南官府胡同，宣统年间改名为南官坊口，1965年改今名。7号院被称为白家大院，主人祖上为清末时期承包什刹海水域的“荷花白”；11

号、13 号房主都姓王，祖上曾是清宫中的御医；20 号为原清宗室溥尧臣宅院，后家道衰落，以绘画为生。从老门牌号 20 号（今 45 号）向西，一直到西口，占四个门牌，曾为清康熙帝第十子敦郡王爱新觉罗・允䄉的府邸，称“十王府”。允䄉因支持皇八子允禩争夺皇太子之位，被雍正帝夺爵，禁锢在京师。直至乾隆二年（1737）才被释放，封为辅国公。乾隆六年（1741）卒，诏用贝子品级殡葬。61 号、63 号为什刹海环湖“九庵一庙”之一的圣泉庵旧址。

湖光山色隐迢迢

银锭桥南北横跨在什刹前海与后海的连接处，北接小石碑胡同南口、南连银锭桥胡同北口，为城中水际看西山第一绝胜处。后海是老北京久负盛名的消夏、游玩场所。元明时沿岸处处酒楼歌台、商肆作坊。史书记载，暑夏时节，藕局、茶社、食品、商摊和曲艺等各式摊棚沿岸而设，吸引着仕宦官家、文人雅士、平民百姓纷至沓来，场面盛极一时，是北京市中心城区不可多得的低碳生态景区。

官房胡同清静宜人

大金丝胡同北有小金丝胡同，与北官房胡同相通。明时在胡同内建有织染所，来自南方的丝织物在此涤染，不仅供应内廷，而且供应外廷，由工部派官吏管理。织染所后废弃。清称金银色绦胡同。金

大金丝胡同的老门环

银色绦是一种金、银色彩的带状丝织物。清末“色绦”讹为“丝套”，析为两条胡同，宽者称大金丝套胡同，窄者称小金丝套胡同。1965年去“套”，称大金丝、小金丝胡同。大金丝胡同甲33号、北侧33号、南侧35号，明代古刹槐宝庵旧址，因过去寺内有古槐而得名。《燕京访古灵》：“上系铁链如绠，询诸土人云，因达天参修时，此树尝为人祟，故制巨链以制之。”曾是皇家敕建的寺院，又名净海寺、槐宝探海寺。1965年前寺址系槐宝庵胡同5号，北房至今还保留着明代风貌。

北官房胡同，在后海的南侧，东起银锭桥胡同，西至三井胡同，南接前井胡同，北通后海南沿，呈东西走向，受什刹海地形影响，西端略向北斜。从热闹喧哗的银锭桥胡同一拐弯，就能进入这条清静宜人的胡同。17 号院关广志、潘絜兹先生曾住此，21 号院南铁生曾住，28 号院曾住蔡若虹、华君武、张仃、彦涵、钟灵、张悟真等艺术家，29 号院为大书法家张伯英先生故居。北官房胡同与繁华热闹的酒吧街和胡同游的重点景区只有一步之遥，但比南官房胡同和什刹海沿岸清静得多。胡同内宅院过去属于官宅，虽非王府豪宅，却也不是普通百姓的民居所能比拟，它们既保留着明显的北方民居的风格和中国古建的传统色调，又有官府建筑的大气、庄重。这些所谓的官宅院并非整齐划一，而是时有凸出或后缩，从而使得整条胡同蜿蜒曲折，变化多端，可以让你感受到原汁原味的老北京生活。

历史上后海南侧曾有五条以“官房”命名的胡同：分别是后海与前海西街之间的南、北官房胡同，地安门西大街与兴华胡同之间的东、中、西官房胡同。民国时西官房胡同改称五福里，中官房胡同改称福寿里。1965 年，根据胡同的方向又把福寿里分为东、西福寿里。如今胡同名字中带有官房的只有三条胡同：南官房、北官房和东官房胡同。虽然这些胡同都以“官房”为名，但是胡同名称成因又有所不同。

余棨昌先生在《故都变迁记略》一书中提到：“宛平县在西皇城根，面皇城南向。国都南迁后，署迁移郊外，此署遂废。署旁之福寿里，旧名中官房；五福里，旧名西官房，以其为宛平县署之官房也。”也就是说“东、中、西官房”为当年宛平县署办公的房屋，带有官产的性质，故称“官房”。但“南、北官房”却有所不同，“南官房”旧称“南官坊口”，又叫“关防口”，“北官房”旧称“北官坊口”。《啸亭续录》记载“贝子允禨宅在关防口”，《京师坊巷志稿》“南、北官房”条下记载“官房，或作关防”。这些名称可能和明代设有承运库或清康熙年间的“十王府”有关。也有人说北官房口之名，是由南侧

后海南沿26号张伯驹故居

的“南官坊口”延伸而来。“坊”“房”谐音，1965 年将南、北官坊口改为南、北官房胡同。

后海南沿，位于后海南侧，东西走向，向北倾斜。东起银锭桥胡同，西接羊房胡同和柳荫街，中部与北官房胡同、小翔凤胡同相通。其名称形成于清代，当时统称为河沿。1911 年史名为后海南河沿。1965 年将李广桥东街及四合巷并入，定名后海南沿。后海南沿风光秀美，清代诗人黄钊有诗云：“银锭桥连响闸桥，湖光山色隐迢迢。碧峰一寺夕阳下，月上荷花通海潮。岸僻桥横印绿苔，两行密柳夹高槐。风潭百顷青铜似，曾照中官洗马来。”现为什刹海酒吧区域。后海南沿 26 号丰泰庵，建于清乾隆年间，坐南朝北，前临什刹海后海，当地传称“格格庵”。据说乾隆帝之女因感情问题，意欲到尼姑庵出家，乾隆帝在此修造丰泰庵供她修行。

第一绝胜“银锭观山”

鸦儿胡同东南起小石碑胡同，与烟袋斜街相连，然后沿什刹海的北岸蜿蜒向西，与后海北沿平行，西北一直延伸到后海西沿的甘露胡同。胡同全长八百二十米，是北京城中比较长的胡同之一。明代称广化寺街。清初为正黄旗地界，因胡同位于后海北沿，称“沿儿胡同”，清末称鸭儿胡同，今名鸦儿胡同。胡同东头是北京城内著名的银锭桥。

对于鸦儿胡同，有文称起于元代，此说有误。元《析津志》载：“西斜街临海子，率多歌台酒馆，有望湖亭，昔日皆贵官游赏之地。”

银锭桥

指明西斜街临海子，西斜街今称鼓楼西大街，当时其西南侧的鸦儿胡同等尚在什刹海湖内。古代的积水潭与现在的积水潭不同，历史上德胜门外的太平湖（位于西直门迤北，今地铁机车车辆修理厂）、积水潭、什刹海、北海、中海等都是古高梁河在南迁之后留下的遗迹。金代统称白莲潭，元称积水潭，指现今西海、后海、前海三湖，总水域比现在的三个湖大得多。近年来的实地调查也表明，旧鼓楼大街南面的元代海子北岸在今什刹海北岸以北约九十米处，西斜街西南面所对的是一片宽阔水域，尚无住户和胡同。

银锭桥南北横跨在什刹前海与后海的连接处，北接小石碑胡同南口，南连银锭桥胡同北口。桥西称什刹后海（简称后海），桥东称什刹前海（简称前海）。桥长十二米、宽七米、高八米、跨径五米，有镂空云花栏板五块、翠瓶卷花望柱六根，因桥形似元宝，故名“银锭桥”。该桥始建于明代，已有五百多年的历史。明《燕都游览志》描述道：“银锭桥在北安门海子桥之北，此城中水际看西山第一绝胜处也。桥东西皆水，荷芰菰蒲，不掩沦漪之色。南望宫阙，北望琳宫碧落，西望城外千万峰，远体毕露，不似净业湖之逼且障目也。”站在桥上往西望去，可以看到西山，故被称为“银锭观山”，是旧燕京十六景之一。银锭桥第二绝是观赏荷花，清代竹枝词吟道：“地安门外赏荷时，数里红莲映碧池。好是天香楼上座，酒阑人醉雨丝丝。”清代纳兰性德，每当荷花盛开之际，总喜欢和友人曹寅、朱尊彝等漫步堤岸，欣赏“藕风轻，莲露冷，断虹收。正红窗，初上帘钩。田田翠盖，趁斜阳，鱼浪香浮”的美景。银锭桥第三绝是品尝烤肉。“客旅京华，问道季家何处？香浮什刹，引来银锭桥边。”银锭桥东有百年老字号“烤肉季”。来北京的游客，若只品尝了烤鸭、涮羊肉，未曾品味烤肉，绝对是件憾事。

醇亲王府，位于后海北沿，坐北朝南，北抵鼓楼西大街。西部为花园，东部为府邸。此府前身为清初大学士明珠的宅邸，后赐予光绪帝生父醇亲王奕譞，再传奕譞第五子载沣。载沣是光绪帝异母弟，宣统帝溥仪生父，宣统朝任摄政王。宋庆龄故居在后海北沿46号，原为醇亲王府花园，也称西花园。1963年4月，宋庆龄迁居于此。1981年5月16日，全国人大常委会决定授予宋庆龄“中华人民共和国名誉主席”荣誉称号。广化寺在鸦儿胡同31号，北京著名的大型

后海北沿宋庆龄故居

佛教寺院，建于明万历年间，清咸丰年间重修。清末民初，政府在广化寺筹建京师图书馆（中国国家图书馆前身），1917 年迁出。现为北京市佛教协会所在地，经常组织佛教活动。

西斜街多歌台酒馆

鼓楼西大街是连接东西城的重要通道，自西北向东南走向，东起地安门外大街北端的鼓楼，西到德胜门内大街北端的德胜门。元明时称“斜街”，元《析津志》载：“西斜街临海子，率多歌台酒馆，有望湖亭，昔日皆贵官游赏之地。”清末，此街分为两段，东段称鼓楼西大街，因位于鼓楼以西，又称“鼓楼西斜街”；西段称果子市大街。1965 年，统称鼓楼西大街。鼓楼西大街上的古迹很多，有瑞应寺、寿明寺、关岳庙等。瑞应寺建于明成化三年（1467），位于鼓楼西大街 148 号，现为北京市第一百八十四中学，中路建筑尚存。寿明寺建于明天顺六年（1462），除山门之外，其他建筑尚存。

关岳庙在今鼓楼西大街 149 号，全国重点文物保护单位。清光绪年间，系道光第七子醇亲王奕譞的家庙。光绪十六年（1890），醇亲王去世，光绪帝发上谕为奕譞建庙、立祠，至光绪二十五年 (1899) 建成。庙坐北朝南，分三进院落，中院有东西跨院。中轴线依次为琉璃照壁，中门，外为八字墙，两旁各有一座琉璃门；中院内东有焚帛炉，西有祭器亭；正殿七间，殿前有月台一座，东西配殿各五间；后寝祠五间。建筑面积为三千多平方米。1914 年在后寝祠塑关羽、岳飞像，并祀关岳，遂称关岳庙，又称武庙。现为西藏驻京办事处。

铸钟厂胡同，在旧鼓楼大街南端西侧，胡同呈“厂”字形，东口在旧鼓楼大街，进口后往西，然后拐向南，南口在鼓楼西大街。明《京师五城坊巷胡同集》称铸钟厂，《春明梦余录》称华严钟厂，书中有这样的文字：“华严钟厂在德胜门内，旧铸，高二丈余，阔一丈，余者尚有十数，仆地上，皆楷书佛经。”《钦定日下旧闻考》载：“德胜门东为铸钟厂，其地有真武庙，内有顺治辛卯年刘芳远撰碑，华严钟仅存其一，旧悬万寿寺，今移于觉生寺，余钟无考。”1965 年改今名。

明代，该地有金炉圣母铸钟娘娘庙。传说朱棣在登上皇位之后，即开始征集能工巧匠营建北京城，下令在北京城中轴线最北端建造巍峨高大的钟楼和鼓楼。铸钟师接到命令后，立即带领工匠们在铸钟厂里日夜劳作，但因铜钟钟体庞大，工艺复杂，铸钟师傅们日夜苦干，三年多没有铸成。皇帝龙颜大怒，提出了最后期限，逾期所有工匠以死谢罪。老铜匠有个聪明美丽的女儿叫华仙，日夜守在炉边为父亲和工匠们担心，她突然领悟到，要铸好这尊巨钟，必须往钟里注入灵性、注入情感。于是纵身跳入赤红的铜液中，老铜匠强忍着悲痛，带领着众匠人，终于铸成了一尊巨钟。铸钟工匠们为了纪念这位舍身救父的年轻姑娘，尊她为“金炉圣母铸钟娘娘”，并在铸钟厂的旁边为其筑建庙宇，永久供奉祭拜。

娘娘庙所在胡同，清称娘娘庙，庙在今小黑虎胡同24号、26号。小黑虎胡同，清乾隆时期称黑虎儿胡同，至晚清改称黑虎胡同。1911年后析为大、小黑虎胡同。小黑虎胡同在北，规模较小，两侧皆为平房住宅。

积水苍池蓄众流

积水潭的名称很多，有西海、海子、北湖、莲花池、净业湖、西水关、西涯等，源于古代永定河故道留下的坑洼，地下水汇集后成为水塘。朱棣建都北京后，在德胜门内大街上修建德胜桥，遂将城内北部水域一分为二，桥西部水域仍沿称积水潭，后又称西海，桥东部水域则称什刹海。其后，又修建银锭桥，再将什刹海一分为二，桥西称什刹后海，桥东称什刹前海。自此，外三海格局基本形成。

不看荷花看稻花

西海四周，围绕着弯曲倾斜的西海东沿、西海北沿、西海西沿和西海南沿。西海东沿在德胜桥西，德胜桥始建于明代，是后海与西海的分界桥。光绪《顺天府志》:“桥东有永泉庵，北有佑圣寺，唐遗

20 世纪 40 年代的积水潭稻田

刹也。少东为寿明寺。”明代，德胜桥东曾有大面积稻田，至清代尚有记载，称此地“稻田八百亩，以供御用，内官监四十人领之”。桥两侧“缥萍映波，黍稷粳稻”。《燕都游览志》记载：“德胜桥在德胜门内。西有积水潭，潭水注桥下，东行。桥卑不能渡舟。湖中鼓枻人抵桥俱登岸，空舟顺流始得渡，复登舟东泛。”可知当年德胜桥畔设有码头。德胜桥上原有一镇水兽，系清同治年间永泉庵住持法明联合桥西真武庙僧人，共同捐资在桥洞上方嵌刻。兽刻成后，取名“镇海神牛”。高约六十厘米，探出桥洞近六十厘米，头如麦斗，二目圆睁，角似铁塔，牙像排刀，鼻窦深，大有吸尽海水之势。旧时“镇海神牛”与汇通祠下的“镇海石螭”、崇文区内镇海寺的“镇海铁龟”，并称北京“镇海三宝”。1952年月牙河改造工程开始时“镇海神牛”尚存。

西海东沿的东侧，明万历二十三年（1595）进士米万钟建有漫园。米万钟学识渊博，与华亭董其昌、临邑邢侗、晋江张瑞图并称明末“四大书家”。漫园内高阁三层，雕梁画栋，气象森然，有“不远城隅胜，风尘已觉宽”之感。常有达官贵人、文人墨客造访，把盏饮酒，吟诗作赋，为京都一雅聚之所。

净业寺在西海北岸，西顺城街46号，因近邻湖边，明清时又称西海为净业湖。净业寺建于明嘉靖三十七年（1558），由内官监太监袁享和司礼监太监妙福等捐资兴建，额书“智光寺”。清代重修，后改为净业寺。寺坐北朝南，中轴线上依次有山门三间、前殿三间、东西配殿各三间、后殿五间、西配楼六间，建筑面积三百二十五平方米，为什刹海地区主要名刹之一。现仅存前殿和西配楼。每到夏季，湖岸杨柳低垂，湖中粉白相间的莲花盛开，人称“江南云水之胜无以过此”。寺西面有太平庵，庵旁有小桥，桥下有连接南北水域的水关。太平胡同因太平庵得名，现并入西海北沿。寺内涵碧楼，为明清及民国年间文人墨客登高雅集之所。明代礼部尚书兼东阁大学士朱国祚《夜宿净业寺》诗：“僧楼佛火漾空潭，李广桥低积水含。一夜朔风喧树杪，蓟门飞雨遍城南。”描绘了它的夜色之美。

明代积水潭周围不仅多寺庙，临湖还建有太师圃、镜园、刘茂才园、漫园、湜园、杨园、莲花社、虾菜亭、方园等众多私家苑囿。《燕都游览志》载：“定国徐公别业：从德胜桥下，右折而入，颜曰太师圃。前有堂，堂后纡折，至一沼，地颇疏旷。沼北广榭，后拥全湖，高城如带，堂左右书室，西筑高台，目望最远，滨湖园为第一。又孝廉刘百世别业，堂三楹，南有广除，眺湖光如镜，故名镜园。”“刘茂才园，创三楹联北向无南荣，东累层级而降，下作朱栏小径。北轩二楹，南有小沼，种莲。北扉当湖，东有书室，上作平台，地居湖中，乃南北最修处，所以独胜。”“湜园，太守苗君颖别业，西面望湖。杨园在湜园稍南，杨侍御新创。莲花社有亭，在水关西，今倾圮。虾菜亭在莲花社西，一藩隔之，水部戴大圆建。相国方公园，在水关西。”这些园林多为致仕文人的别墅，既是文人诗酒雅集的场所，又是在湖边观赏田野风光的好去处。康熙朝进士查嗣瑮便留有“虾菜亭虚水浸沙，城头风折雨丝斜。秋来南客多乡思，不看荷花看稻花”的佳作。

瞬息灵祠抵汇通

现在的积水潭，仅指汇通祠小山南边的一湖碧水。积水潭的北端城墙下的铁棂闸（即水流入城的水关）为六海的进水口，闸旁建有镇水观音庵，后改称“汇通祠”，该祠曾在修建环城地铁时拆除，后复建，现辟为郭守敬纪念馆。来水流入积水潭后，从其东南的出水口过德胜桥入海，再过银锭桥入前海。

在西海西北的小岛上，岛北有水关，北护城河水由水关入城。水经水关入城时流势湍急，为阻遏水势建有石螭，称石雕镇水兽，系雕在石板上的一头爬行四脚怪兽，长约 1.9 米。与德胜桥栏西侧的镇海神牛，崇文门区镇海寺内的镇海铁龟并称“镇海三宝”。水在石螭的注视下分为东西二水，两水环土阜至汇通祠山门前的码头汇合，入西海。《燕都游览志》载："水自西山经高梁桥来，穴城址而入，有关为限焉。下置石螭（镇水兽）长1.9米，迎水倒喷，旁分左右，既噏复吐，声淙淙然自螭口中出。"水冲石螭，发出海潮的声音。因此，有人又称镇水观音庵为"海潮观音庵"。

汇通祠建于明永乐年间，旧称法华寺。正殿供奉观世音菩萨，又称镇水观音庵，庵地原为龙王堂旧址。清乾隆二十六年（1761）

汇通祠

重修，对积水潭的湖泊水系进行了大规模清淤疏浚，堤岸广植树木，长溪可行舟，改名为汇通祠。乾隆皇帝为此留下《汇通祠诗》和《积水潭即景诗三绝句》:“积水苍池蓄众流，节宣形胜巩皇州。疏淤导顺植桃柳，三里长溪可进舟。一座湖亭倚大堤，两边水自别高低。片时济胜浮烟舫，春树人家望转迷。烟中遥见庙垣红，瞬息灵祠抵汇通。雨意蒙蒙犹未止，出郊即看麦苗芃。”麟庆著《鸿雪因缘图记》中说:“祠，明永乐时少师姚广孝、司礼监刚丙奉诏建，原称镇水观音庵。”“御书殿额曰潮音普觉，静听祠后水声淙淙，恍然有悟。循墙北转，见立石高五尺许，层叠如云，承以石盘，高处镌一鸡、一狮。”鸡狮石为祠内一巨石，纹如鸡狮，故名。相传为天上掉下来的陨石，高两米，下有汉白玉石座，石纹表面层叠如沟壑，呈一鸡、一狮二形。鸡形左向右走式，狮形右向下伏式。石顶部也有小鸡、小狮各一，皆为天生自然状。《燕都杂咏》这样描述:“鲜彩临风展异姿，摇光耀日具威仪。陨星天使成良构，不数当年断罄奇。”

20 世纪 70 年代，因修环城地铁，汇通祠全部拆除。经专家学者呼吁，西城区政府委托清华大学吴良镛教授等承担重建汇通祠的施工设计，1988 年 9 月 27 日竣工，在汇通祠内设郭守敬纪念馆。并在前殿和后楼间的院落当中，建有郭守敬塑像。重建后的汇通祠坐北朝南。有山门一间，前殿三间，东西配房各三间，两层后楼面阔三间，东西配殿各三间。山门有侯仁之教授题写的“汇通祠”匾额。祠后有吴良镛教授写的《重修汇通祠记》碑。山上小亭内竖立着清乾隆帝的诗碑。原有的鸡狮石及石螭已不知去向，现祠内二物是根据史料和人们的回忆新雕刻的。

卜居积水　世守研田

西海西沿位于西海西侧，南北走向，南起西海南沿与板桥头条接合部，北至德胜门东大街，中部与板桥二条、板桥三条相连，北部连通铜井胡同。街巷名称形成于清末，当时叫“西海西河沿”，1965年重新命名至今。

小铜井胡同，位于北京市西城区积水潭西北侧。东西走向，东起西海西沿，西至新街口北大街。清代始称小铜井，因在大铜井之东故名，为正黄旗地界。据《燕京访古录》载，铜井胡同内原有铜制井圈，外方内圆，上刻“大元至顺辛未秋七月赐雅克特穆尔自用”，故名。梁巨川、梁漱溟父子故居原为小铜井1号，20世纪50年代将门改为东向临水，现门牌为西海西沿2号。

棍贝子府

小铜井南侧，依次为板桥三条、板桥二条、板桥头条，均为东西走向，东起西海西沿，西至新街口北大街。清称三条、二条、头条，为正黄旗地界。因左近有石板桥，1911 年后改今名。板桥头条一带，有定国公园,《帝京景物略》载,“环北湖之园，定园始”。靖难之役，魏国公徐达的第四子徐增寿住在南京，多次通报朝廷情况，被建文帝以私通燕军罪诛杀。明永乐二年（1404）追封定国公，子孙世袭，随明廷迁至北京。嘉靖年间，徐增寿五世孙徐光祚官至太师，又称太师圃。该园南至今蒋养房胡同北，园内以自然景色取胜。

板桥二条 5 号院，书画家许林邨先生故居。许林邨，字枝海，号泼墨老人。祖父许叶棻光绪十五年（1889）授翰林院学士，知名书画家。父许佑平是书法家，曾经营新文玩书画店。许林邨幼承家学，笔耕一生，一身侠骨，精于山水，擅写魏碑，善篆刻，刘炳森等书法家曾拜于门下。北京文史馆馆员。老舍先生投北京太平湖自尽，他不顾个人安危，题刻“老舍先生辞世处”，下款刻“许林邨敬立”，与画家吴幻荪将碑立于太平湖畔。老舍的夫人胡絜青赞誉许林邨“大智大勇，无所畏惧。小巷小民，金石为开”。院门上有他自己题刻的“卜居积水　世守研田”八个奇绝的隶书大字。积水指北京积水潭，研田表明心志——以笔墨为生。木质的院门历经岁月

许林邨

“卜居积水　世守研田”

雕琢，古迹斑驳中韵味别样，常引得路人驻足观望、拍照合影。

水车胡同，南北走向，胡同蜿蜒曲折。南起新街口东街，北至西海南沿，岔巷与辛勤胡同相通。明代称“水关水车”，因胡同北端西海处有抽水车而得名。清代更名为水车胡同。1965 年把高庙后身部分区域划入。水车胡同曾有条通向积水潭医院南门的“豆腐巷”，巷子形状如一个烟袋，民间亦有“王奶奶，安烟袋”的民谚。“王奶奶”特指积水潭医院前身棍贝子府。昔日有清宫词：“德胜门内蒋养坊，庄静当年有赐庄。一样恩波通太液，汉阳公主汝阳王。”

棍贝子府位于后海西侧南岸，新街口东街 31 号，现积水潭医院内。其府最早为康熙帝第三子诚亲王胤祉府邸。雍正帝即位后，改其名为允祉，命守护景陵。据《北京历史地图集·明北京城》记载，此园位于明代镜园旧址。清嘉庆七年（1802）庄静公主下嫁土默特贝子玛尼巴达喇，此府改赐庄静固伦公主，又称四公主府。嘉庆十六年（1811）庄静固伦公主去世，年二十八，葬于早她两个月故去的姐姐庄敬和硕公主陵墓旁，即今西三环公主坟园寝。光绪六年（1880），四公主曾孙棍贝子袭爵，成为此府的末代府主，俗称棍贝子府。1956 年，北京积水潭医院在王府旧址建成，原有建筑绝大部分拆除，王府花园被完整保留。

结束语

北京的中轴线从外城最南端永定门起，然后循御道北行，历经正阳门、大明门、承天门，抵达紫禁城皇极殿，往北穿过景山中峰，通过地安门，最后到达鼓楼和钟楼。但是中轴线并没有就此停止前行，而是将其平稳地分配给左右分立的两个北面城楼——安定门和德胜门。正是这条贯通北京城南北的中轴线，将很多重重封闭、自成一组的基本平面组织串成一体，形成了一条压倒一切的主轴，并通过它将整个城市不论从空间组织上，还是体量的安排上，都完全连贯起来，使整个北京城呈现出一种极为完整的节奏感，达到完美的艺术效果。

如果说中轴线是北京城的脊梁，那么胡同则是北京城的血脉。北京是一座具有三千多年历史的古城，胡同作为北京传统文化的发祥地，同时串联起了众多的世界文化遗产、历史文化街区、文物保护单位、历史建筑等历史遗存。保留胡同特色就成为保护北京旧城古都风貌、城市格局与传统文化中的一项重要因素。这些胡同又与由它们编织成的供千千万万户居民居住的、大面积低矮而呈灰色的四合院，烘托着雄伟高大而金碧辉煌的紫禁城，构成了北京古都一个不可分割的有机整体。胡同和四合院又培育出许许多多的名人和敦厚而略带诙谐的北京人，成为北京生命印记的重要组成部分。

习近平总书记考察北京时指出，历史文化是城市的灵魂，要像爱惜自己的生命一样保护好城市历史文化遗产。北京中轴线汇集了北京城市建筑的精髓，蕴含了中华民族深邃的哲学思想，更彰显了大国首都的文化底蕴与文化自信。做好北京中轴线的整体保护与传承，不仅是中轴线申遗的需要，更是北京市推进全国文化中心建设的应有之义。

目前，北京市已编写完成《北京中轴线申遗综合整治规划实施计划》《北京中轴线风貌管控城市设计导则》，就中轴线沿线区域风貌做出规划设计要求。获得党中央、国务院批复的《首都功能核心区控制性详细规划（街区层面）（2018 年—2035 年）》，明确提出加强老城整体保护，严格落实老城不能再拆的要求，坚持“保”字当头，精心保护好这张中华文明的金名片。加强老城空间格局保护，保护好两轴与四重城郭、棋盘路网与六海八水的空间格局，彰显独一无二的壮美空间秩序。以高水平的城市设计强化老城历史格局与传统风貌，形成传承蕴含深厚历史文化内涵、庄重典雅的空间意象。扩大历史文化街区保护范围，保护好胡同、四合院、名人故居、老字号，保留历史肌理。以中轴线申遗保护为抓手，带动重点文物、历史建筑腾退，强化文物保护及周边环境整治。

北京严格落实老城不能再拆的要求，体现了市委市政府及各相关部门、单位为贯彻习近平总书记重要指示和中央部署做出的积极努力，得到了广大居民和社会各界的支持。北京老城整体保护按照习近平总书记关于“把老城区改造提升同保护历史遗迹、保存历史文脉统一起来，既要改善人居环境，又要保护历史文化底蕴，让历史文化和生活融为一体”的要求，注意改善人居环境和生活环境，保障居民的合法权益，为推进相关工作创造了良好的社会环境。未来当我们惬意享受北京老城整体保护的丰硕成果时，我们一定会深情回望今天严格落实老城不能再拆的要求这个新起点。

京味胡同之旅

手绘　吴昊

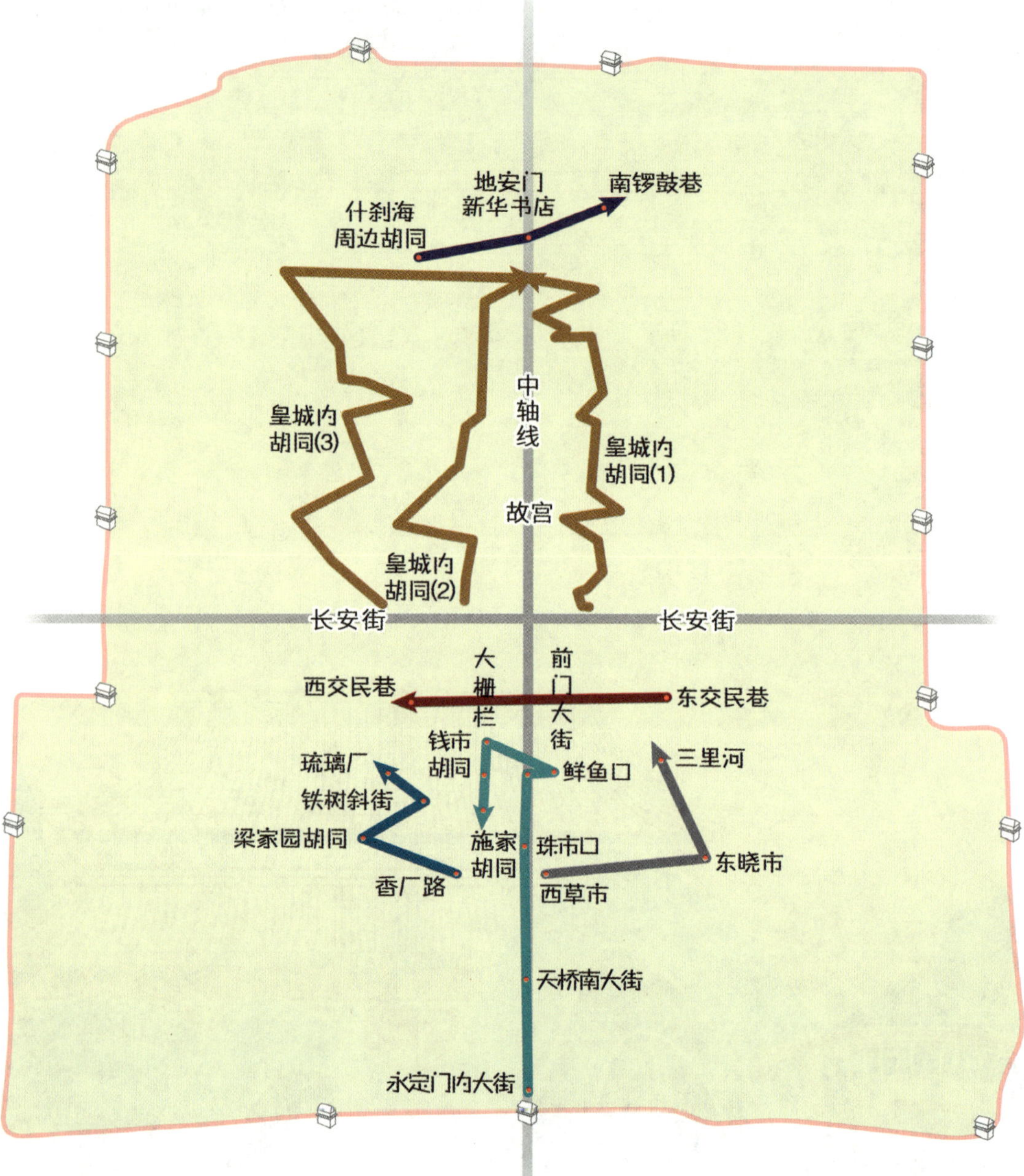

游览总图

■ 中线胡同游　■ 东线胡同游　■ 西线胡同游

■ 天安门广场两侧胡同游　■ 皇城内胡同游　■ 北线胡同游

注：景点介绍依据其所在地理位置摆放，大致与手绘街区地图匹配。受篇幅所限，手绘图与推荐游览顺序存在不一致的情况，请参照序号对应推荐游览顺序。此外，景点可能基于修缮、布展、改扩建等原因短期闭馆，建议读者提前查阅最新信息，再前往参观。

一、中线胡同游

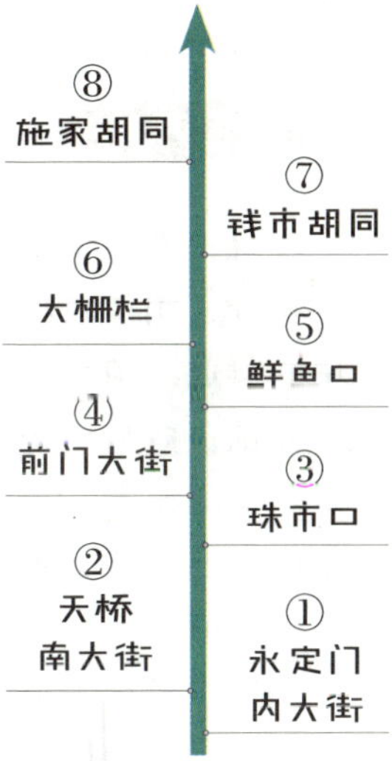

②

天桥南大街

地址： 南起永定门内大街，北至天坛路

简介： 天桥是老北京民俗文化的发源地之一。2013年底复建天桥，重现天桥历史文化景观。新建天桥艺术中心、天桥艺术大厦、天桥印象博物馆等。天桥印象博物馆在天桥艺术中心市民广场地下一层，踏上天桥桥体复制品，可见 AR 版《旧京天桥一览图》，仿佛走进老天桥的时光隧道，一个多维文化空间，正在努力为市民营造一个“活”的文化天桥。

附近还可参观天桥艺术中心等。

①

永定门内大街

地址： 南起永定门，北至南纬路

简介： 永定门是北京中轴线最南端的重要标志性建筑。永定门内大街两侧，系皇家禁苑天坛和先农坛，明清时禁止在天桥以南建筑屋舍胡同。清末民初，不少流动摊贩和艺人在天桥一带撂地献艺，始有民居成巷。现从永定门到天桥，建成开放式的绿地公园。绿地公园延续历史文脉，保留下观音寺、佑圣寺和一段石板路，形成具有浓郁北京特色的文化旅游街区。

④

前门大街

地址：南起天桥路口，北至正阳门箭楼

简介：明清时称正阳门大街，俗称前门大街，是皇帝去天坛、先农坛的御道。明代将中心商业区移到前门一带，在前门大街上兴建了许多商铺，成为中轴线上最繁华的商业街。旅游到此的朋友，莫忘到大街两侧的肉市、布市、草市、珠宝市、粮食市等里街体验一番，这可是经明清两代皇帝亲自下旨批准，由布棚子“盖”出来的胡同，在北京城里绝无仅有、独此一家。

可乘坐前门大街独有的铛铛车代步游览，尽情感受民国时代风范。

③

珠市口

地址：南北中轴线与东西珠市口大街交叉处

简介：明代该地是买卖生猪的交易市场，称“猪市口”，清代雅化为珠市口。珠市口北通金绮珠玉的前门商业区，南连天桥平民传统文化区，餐饮、食品、水果、百货等店铺密集，路口处不乏戏园和老字号，周边有老字号丰泽园饭庄、纪晓岚故居、哥特式建筑北京基督教会珠市口堂等，被誉为中轴线上的“金十字”。

⑤

鲜鱼口

地址：西起前门大街，东至前门东路

简介：鲜鱼口，东西走向。明初已成巷，因巷内鲜鱼市而名。据传“先有鲜鱼口，后有大栅栏”。巷内有便宜坊焖炉烤鸭店、天兴居炒肝店、锦芳小吃、金糕张、炸糕辛、力力餐厅、永丰莜面、天源酱园、锅贴王、兴华园浴池、天乐园戏园等老字号商铺、茶楼、戏院，是北京民俗市井商业的代表，与前门大街共同构建起老北京南城的标志性传统商业街区。

⑥

大栅栏

地址： 前门大街西侧

简介： 明永乐初年，朝廷在前门外等地建筑民房和店房“招商居货”，称“廊房”。廊房头条至廊房四条成为前门地区最著名、最具特色的商业街。明弘治元年（1488），为治理京师社会治安，指令居民在胡同口设置木质栅栏。廊房四条所建栅栏最大，遂称大栅栏。老北京流传的顺口溜“头顶马聚源、身穿瑞蚨祥、脚踩内联升、腰缠四大恒”，除四大恒在东四外，其余各家都在大栅栏巷内。

⑦

钱市胡同

地址： 前门大街西侧珠宝市内

简介： 钱市胡同东起珠宝市街，西不通行。长四十米，宽一米五，最窄处仅四十厘米。明清两代，珠宝市与周围的廊房三条、廊房二条、廊房头条、门框胡同等，是前门外重要的珠宝玉器交易场所。清代，官方批准钱市胡同内设“大通银号”“万丰银号”等十八家炉房，俗称“十八案”，系北京最早银钱交易的“钱市”。当年胡同两侧银号不断向外扩建，遂成北京最窄的胡同。

⑧

施家胡同

地址：前门大街西侧

简介：施家胡同建于明代，因施姓巨商在胡同北开设银号并居此而名。清中期起，施家胡同逐渐发展成以银钱和旅店业为主的商业街，有“北京最早金融街”的美誉。施家胡同 4 号是三义镖局旧址，8 号是谦生银号、泉通银行旧址，11 号是裕兴中银号旧址，22 号是集成银号旧址，等等。施家胡同就似一幅清末民初的风俗画，至今保留有传统四合院，旧时店堂、门脸、门雕，日欧式尖顶小楼。

二、东线胡同游

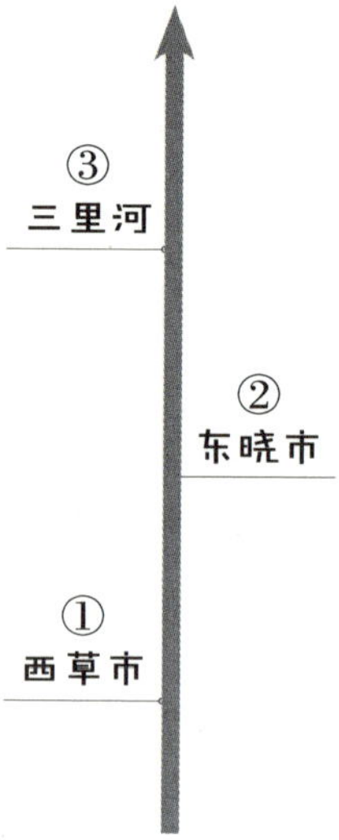

①

西草市

地址： 珠市口东 40 米路南

简介： 西草市原名草市，亦称柴火市。清乾隆年间，四大徽班进京，戏班、名伶、戏园集中在宣南地区。为之服务的戏剧服装行业逐渐聚集于此，形成北京市唯一经营戏装的特色街巷。西草市北口连接西半壁街，有一代豪侠大刀王五创办的源顺镖局。如今，西草市街作为天坛街道“品牌”特色街巷和“共建共治共享”的特色剧装一条街，成为中轴线上一道亮丽的风景。

③

三里河

地址：鲜鱼口东侧

简介：三里河自古以来便是南北水运和城市排水的必经之地。以后三里河水日益淤塞，民居依河道而建，许多会馆、客栈、戏楼聚集于此，形成三里河、芦苇园、薛家湾等众多以河为名的斜向胡同，成为前门大街东部胡同的一大特色。2016年，政府启动三里河水系绿化项目，胡同再现水穿街巷景色，成为闻名遐迩的“最北京”体验地和拍照地。

②

东晓市

地址：东起磁器口大街，西至鲁班胡同

简介：东晓市在明代称苜蓿园北，清代称东小市、新小市。“每日寅卯二时，旧货物者交易于此，惟估衣最多。”这里的货品多为杂物、旧货，价格低廉，每到天明散去，遂名“晓市”，又称“鬼市”。昔日街中有楚溪会馆，每到科举之日，直隶学政录取遗才于此。街内有著名的金台书院和北京规模最大的南药王庙，西南即金鱼池小区和龙须沟小区。

三、西线胡同游

④

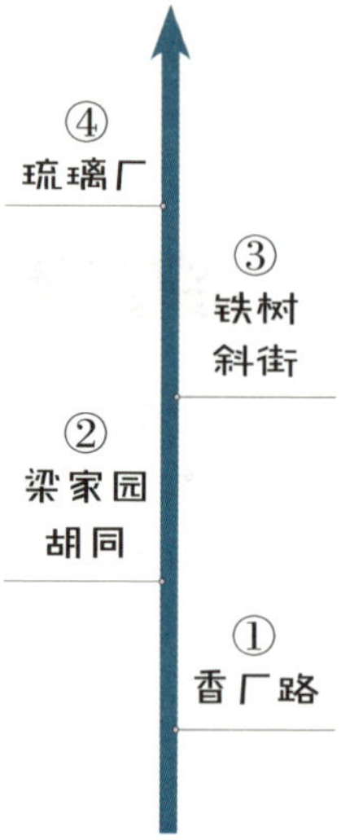

琉璃厂

地址： 西城区和平门外

简介： 琉璃厂是北京著名的文化街，有“中国博物馆街”的美誉。琉璃厂的“厂甸”，是北京特有的“春节文化集市”。清乾隆三十八年（1773）开四库馆，天下典籍汇聚京城，官府和文人雅士对书籍和文化用品的需求，促使这里书业和相关行业兴盛起来。巷内有荣宝斋、戴月轩、槐荫山房、一得阁、中国书店等著名老字号。东侧曾有一尺大街（现已并入杨梅竹斜街），长二十五米，曾是北京最短的胡同。

③

铁树斜街

地址： 西城区虎坊桥东北

简介： 铁树斜街原名李铁锅斜街。元明年间，南北两城的人们从金中都旧城到繁华的前门外，走西南至东北的斜向捷径，形成铁树斜街、樱桃斜街、杨梅竹斜街和棕树斜街等一系列斜街，被称为“龙脉交通车马辐辏之地”。街上有护国观音寺，留香大饭店，远东饭店，清真饭庄同和轩、同益轩等名店。位在其东南的陕西巷、百顺胡同、韩家胡同等，旧称“八大胡同”。

②

梁家园胡同

地址：西城区虎坊桥西，骡马市大街东段北侧

简介：梁家园胡同因明代建有梁园而名。梁园外旧有金中都的东城墙，梁家园废城南北一线以西的北柳巷、南柳巷、魏染胡同、四川营、果子巷、米市胡同、丞相胡同等均为金朝扩建中都城时新建的胡同；今菜市口西侧，尚有南北向烂缦胡同、西砖胡同、教子胡同等辽代遗留下来的胡同。这一带所保留的大片辽金胡同，是北京胡同之根，也是不可再生的宝贵财富。

①

香厂路

地址：天桥西侧

简介：1914 年，朱启钤出任内务总长兼市政督办，继续依照清宣统时期的规划启动香厂“新市区”建设。其范围在虎坊路以东、珠市口西大街以南、永安路以北、留学路以西的区域内。同时开辟纵横经纬的香厂路、永安路、留学路、永定路、虎坊路等十四条道路。兴建华康里、泰安里、东方饭店等前卫设施。因属新型街道，都冠之以“路”和“里”，以区别以前的老街巷。

四、天安门广场两侧胡同游

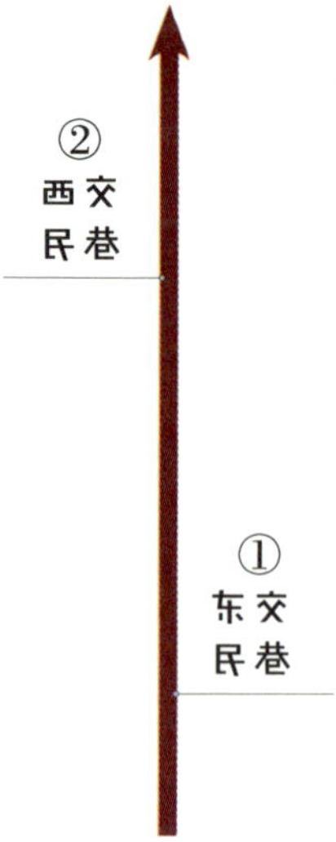

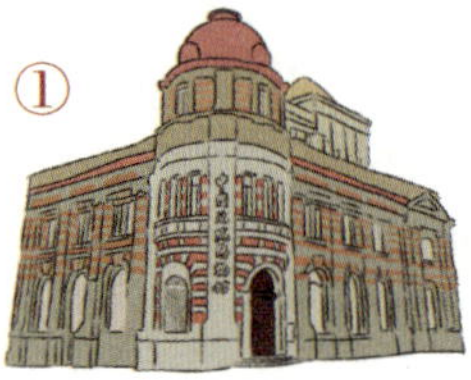

东交民巷

地址： 天安门广场东侧

简介： 东交民巷呈东西走向，全长一千五百五十二米，为北京最长的胡同。明代巷内设礼部、鸿胪寺、会同馆等，清会同馆改名为四译馆。宣统时称东交民巷，民国后沿称。清代，东交民巷有户部银库、太医院、迎宾馆，肃王府、梁公府等王府宅第。第二次鸦片战争后，帝国主义列强相继在东交民巷占地建立使馆，留下风格各异的西洋建筑。现巷内多为国家机关办公地点。东交民巷为北京市文物保护街区。

西交民巷

地址： 天安门广场西侧

简介： 西交民巷西抵北新华街，早年有刑部、大理寺、都察院、太常寺、銮仪卫等衙门。清末北京银行业兴起，在巷内聚集了中国具有现代意义的中央银行、股份制银行，以及众多老式银号、钱庄等，与东交民巷的外资银行一起，一度掌控着中国的金融命脉。巷内现存中央银行北平分行旧址、中国农工银行旧址，以及大陆银行旧址、北洋保商银行旧址、张廷阁宅等文物保护单位。

五、皇城内胡同游

旅游参考路线：

（1）菖蒲河—大、小苏州胡同，飞龙桥胡同—牛郎桥—南池子—皇史宬—缎库胡同—普度寺—东安门皇城遗址—东华门—智德前巷、光禄寺旧址—骑河楼南巷、陈独秀旧居—银闸胡同—北池子宣仁庙、凝和庙—沙滩“红楼”—嵩祝寺北巷—纳福胡同—吉安所左巷—北河胡同—黄化门—地安门

（2）南长街—中山公园西门—西华门—中南海东门—北长街福佑寺、万寿兴隆寺、昭显庙—石作胡同—大高玄殿—恭俭胡同—地安门

（3）府右街—力学胡同—灵境胡同—西椅子胡同、张自忠将军故居—惜薪胡同—文津街京师图书馆—刘兰塑胡同—西什库教堂—大红罗厂—平安里—地安门西大街—地安门

地址：长安街北明清皇城内

简介：皇城以景山为制高点，建有紫禁城、北海、中南海、太庙、社稷坛等皇家建筑和为皇室服务的内官署，即所谓四司、八局、十二监的二十四衙门。此外还拥有内府供用库、内承运库、广积库、御酒房、盔甲厂、织染所、安乐堂等机构。读者在游历皇城内的胡同时，可参阅本书“第四辑 尊贵的皇家胡同”，一一辨认胡同名称的来历，自然别有一番情趣。

这三条胡同线路建议骑行与步行互换进行。建议先乘坐地铁前往，从1号线天安门东站B口出，即到南池子大街南口；从1号线天安门西站B口出，即到南长街大街南口；从1号线天安门西站A口出即到西长安街。向西经中南海新华门—府右街。

六、北线胡同游

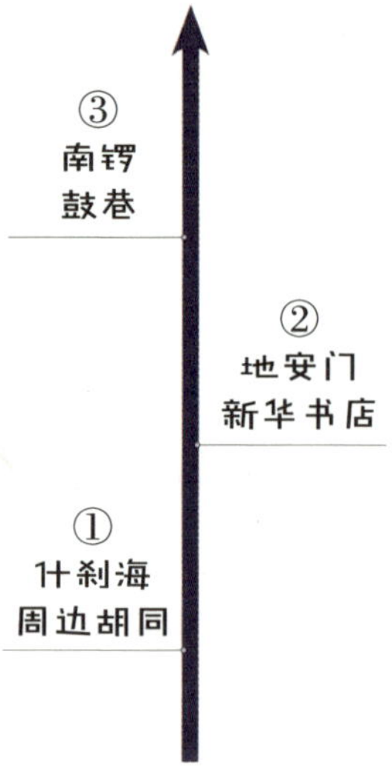

①

什刹海周边胡同

地址： 西城区地安门西大街北侧

简介： 什刹海包括前海、后海和西海（又称积水潭）。外三海宽阔的水面既给北京城平添了无限的生机，也使得什刹海周围的街巷、胡同如影随形，出现了前海南沿，白米斜街，大、小金丝胡同，烟袋斜街，后海北沿，鸦儿胡同等斜巷胡同。巷内多名人故居，有恭亲王府、醇亲王府、宋庆龄故居、郭沫若故居、张之洞故居等。

可乘坐人力三轮车畅游什刹海的众多胡同。

地安门新华书店

②

地址：西城区地安门外大街156号

简介："为宝书局"旧址，是座古色古香的二层小楼，典型的民国时期建筑。其名取自《大学》"惟善以为宝"，至今已有百年历史。这座建筑吸收了西方建筑的优点和长处，以砖石结构为主，木结构为辅，中西合璧，兼容并蓄，同时也保留了很多中国古建筑的风格和元素，在地安门这条古老商业街上，呈现出别样的雅致。

③

南锣鼓巷

地址：地安门东大街北侧

简介：南锣鼓巷，明代作锣锅巷，清乾隆时分为南北锣鼓巷。巷内的王府豪庭数不胜数，有僧格林沁王府、婉容故居、荣禄府、蒋介石行辕、茅盾故居等各种形制的府邸、宅院。虽经数百年变迁，仍保持着元明时期横平竖直的坊巷风貌和胡同格局，悠久的历史给这一地区留下了众多质量较好的传统四合院、名宅古园、山石碑刻，南锣鼓巷成为国内外游客来北京必到之处。